TREINTA PALABRAS PARA LA MADUREZ

12ª Edición

José Antonio García-Monge Redondo

20

TREINTA PALABRAS
PARA LA MADUREZ

12ª Edición

Desclée De Brouwer

© José Antonio García-Monge, 1997

© EDITORIAL DESCLÉE DE BROUWER, S.A., 2009
   Henao, 6 - 48009 Bilbao
   www.edesclee.com
   info@edesclee.com
    EditorialDesclee
    @EdDesclee

Cualquier forma de reproducción, distribución, comunicación pública y transformación de esta obra solo puede ser realizada con la autorización de sus titulares, salvo excepción prevista por la ley.
Diríjase a CEDRO (Centro Español de Derechos Reprográficos –www.cedro.org–), si necesita fotocopiar o escanear algún fragmento de esta obra.

Printed in Spain - Impreso en España
ISBN: 978-84-330-1254-8
Depósito Legal: SE-6347-2009

A mis compañeros/as del Instituto de Interacción y Dinámica Personal de Madrid, conocido coloquialmente como "Los psicólogos de Hortaleza", dirigido por Javier Ortigosa, que me han enseñado mucho, acompañado siempre en mi aciertos y errores, acogiendo mis balbuceos de madurez personal y profesional. Especialmente he trabajado este tema con Carmen García de la Haza y José María Burdiel, excelentes psicólogos clínicos que, sin necesidad de leer este libro, me han testimoniado, con sus personas y tareas, que madurez y verdadera amistad tienen mucho que ver.

ÍNDICE

Prólogo 11
Prólogo a la 4ª edición 15
Agradecimientos 16
Introducción 17
- Adiós 37
- Hola 43
- No 49
- Sí 53
- Yo 61
- Tú 71
- Nosotros 79
- Poder 85
- Perdón 91
- Gracias 95

- Autocomprensión 99
- Amor 105
- Trabajo 113
- Dolor 119
- Gozo 125
- Tener 131
- Madre, padre 137
- Hijo, hija 147
- Culpa 153
- Compartir 159
- Hoy 163
- Verdad 169
- Justicia 175
- Libertad 181
- Sabiduría 191
- Cuerpo 199
- Aceptación 207
- Motivación 211
- Soledad 217
- Elegir 223

Apéndice 233

PRÓLOGO

La dimensión psicológica de la madurez ha sido, en el ámbito de la psicología científica, un tema poco estudiado en este siglo. Sobre todo si lo comparamos con otros centros de atención de la psicología académica. La historia de *Treinta palabras para la madurez* es muy sencilla. Durante muchos años, aparte de la docencia universitaria, he dedicado al menos 7 horas diarias a escuchar a hombres y mujeres que han ido verbalizando sus situaciones experienciales. Han sido consultas puntuales en el ámbito de la acogida y modesta orientación, diálogos de psicodiagnóstico, terapias prolongadas en el tiempo, individuales y grupales, dinámicas de grupo (tantos años trabajadas en el Escorial). Como es fácil imaginar, he escuchado millones de palabras. Creo, honradamente, que soy un buen escuchador, que pongo en el arte de escuchar no sólo atención reflexiva, sino empatía cordialmente personal. Un maestro mío indio, psicólogo formado en los Estados Unidos, conocido en España por cursos y publicaciones, solía decir que el silencio es la ausencia del ego. Yo he procurado silenciar mi ego sin conseguirlo siempre, para crear un silencio interior que me permitiese escuchar nítidamente lo que el otro dice y comunica, el mensaje que emana de su persona y de sus palabras. Entre estas palabras escuchadas ha habido de todo tipo autoexpresivas, evasivas, de resistencias al contacto con uno mismo, abstractas, generalizadoras, racionalizantes, o realistas, configuradas por mecanismos de defensa etc... También he escuchado palabras muy en contacto con la experiencia sobre todo en el avanzar del proceso psicoterapeútico. De estas palabras más congruentes, expresivas de la realidad interna y externa, he entresacado las que me parecían más significativas para un crecimiento personal en el denominador de lo humano.[1] Es verdad que cada persona es única e irrepetible y su palabra auténtica no puede generalizarse ni abstraerse aplicándola a situaciones o personas parecidas. Respetando esta individualidad originaria y originante, voy a exponer aquellas palabras cruciales en las que, me parece, se juega la madurez de la persona. Palabras que tarde o temprano hay que pronunciar en la vida y en el *cómo* se haga esa verbalización se verificará un crecimiento personal. Palabras de encrucijada. Palabras para el camino. Palabras llenas de contenido que no tienen por misión ahorrarse el vacío de comunicación interpersonal, sino hacer presente a la persona en la red de sus relaciones humanas. Estas palabras dichas con el cuerpo la mente el corazón y el espíritu producen un insight iluminador que permite el crecimiento de la consciencia. Esa luz intuida o encontrada, trabajada o acontecida, permite a la mujer o al hombre decir y decirse, pronunciar su nombre en la situación existencial del momento presente.

Palabras con memoria y deseo. Palabras que son el hilo conductor que nos permite aprender el sentido y el curso de nuestra vida. Palabras que sembradas en los surcos de la existencia dan el fruto esperado si se cultivan con verdad, atentos a las necesidades que revelan, a los deseos que expresan, a la vocación de autodesarrollo de la semilla humana que llevamos dentro coherentemente explícita.

---

1. Hay palabras importantes que facilitan o dificultan la madurez como, por ejemplo, **pareja, matrimonio** que no explicito por estar hechas de dimensiones tratadas: Amor, Nosotros, Tú, etc...

PRÓLOGO

De toda esa catarata de palabras entremezclada con silencios a veces expresivos, en ocasiones estériles, he subrayado treinta que me parecen aproximadamente adecuadas a las rutas experienciales de la vida del hombre y la mujer. Palabras para la madurez, en las que se cultiva la maduración personal más como proceso que como meta.

Abraham Maslow, en sus investigaciones acerca de la autorrealización, concepto afín a la madurez, subrayó que antes de los treinta años había encontrado pocas personas autorrealizadas. Tal vez el número treinta, sin pretender magias o simbolismos, sea suficientemente abarcable para que en lugar de estar hechos con las palabras de otros, de la cultura, de la postmodernidad, de la tradición, nos estemos haciendo con nuestras propias y auténticas palabras.

Muchas veces he pensado que la cultura, simplificando, consiste en saberse más palabras que otros. Sé bien que no es así, pero muchas veces en el mercado de valores culturales de nuestra civilización, eso es lo único que se cotiza. La vida no consiste en conceptos, sino en vivenciar la palabra al servicio de la realidad. Como decía el rector de la UCA de San Salvador, mártir de la justicia, **Ignacio Ellacuría,** nuestra tarea es triple: hacernos cargo de la realidad, cargar con la realidad, encargarnos de la realidad. Esta tarea, consciente y transformadora, se hace común y solidaria a través de gestos y palabras. Cuando estas palabras acarrean verdad nos hacemos libres para ser nosotros mismos en contacto con la realidad que hemos de aceptar y transformar, haciéndola habitable y humana.

Éste no es un libro para ser solamente leído, sino para ser vivido. No se trata de informar de nada nuevo, sino de ofrecer herramientas de trabajo en la construcción personal grupal y comunitaria. Estas palabras no son para ser reflexionadas, sino integradas, en el sentido más auténtico, en la experiencia de comunicación intra e interpersonal. Habrá otras más importantes que no recojo aquí, pero que la creatividad de cada uno sacará de su propia experiencia para la construcción de relaciones humanas que sean dignas de tal nombre.

Un conocido mío, profesor de Griego, fue al médico subrayando un síntoma que consistía en un dolor muy concreto; el médico le escuchó con la brevedad propia de nuestros sistemas de salud apresurados y le dijo sencilla y llanamente en Griego lo que el le había dicho en Español: usted tiene... El paciente dijo: "eso es exactamente lo que yo le he dicho, pero pronunciado y expresado en griego; si no me añade nada más quedaré como estaba". Esta pequeña anécdota indica muchas veces que sustituimos la vida con palabras y, como decía **Tony De Mello,** el concepto de vino no emborracha, el concepto de pan no alimenta, lo que alimenta son el pan y el vino.[2]

La palabra, cuando va a nombrar la realidad, a invocarla, convocarla, dialogarla, se hace patrimonio común fecundo para transformar esa misma realidad.

---

2. En las numerosas referencias que haré de Tony, me remito además de mis recuerdos personales, a las ediciones de sus obras hechas por la prestigiosa Editorial Sal Terrae.

PRÓLOGO A LA CUARTA EDICIÓN

Al llegar las **Treinta palabras para la madurez** a su cuarta edición, he tenido tiempo, al fin, de revisar el libro, mejorar su presentación formal, y aclarar algunas expresiones y frases que, algunos lectores, me indicaban confusas. He añadido reflexiones en la palabra **Adiós**, referentes a la muerte como horizonte redimensionador del proceso vital de maduración, y en **Motivación**, elaborando, resumidamente, el deseo cualificador de lo humano y motor de tantas aspiraciones profundas y conductas concretas.

Agradezco a personas y grupos el uso de este libro como herramienta de trabajo y a numerosos psicólogos que me han comunicado su utilidad en psicoterapia.

AGRADECIMIENTOS

Quiero agradecer a todas las personas que, en los diferentes roles que he desempeñado, han tenido la confianza de hablarme de sí mismas, de su vida, de su mundo personal. A ellas les debo estas palabras, son suyas. Yo me limitaré a reproducirlas explicitando diversos sentidos para poder iluminar con ellas nuestras propias vidas, sobre todo en aquellos momentos importantes y significativos en los que la maduración personal está en crisis o en período de regresión o crecimiento.

Son muchas las personas a las que también agradezco su presencia y aliento en los Cursos que fueron generando estas páginas.

Quiero nombrar a mi buena amiga Mª Ángeles Ruiz, profesora de *Análisis y Modificación de Conducta* de la Facultad de Psicología de la UNED, que, con paciencia minuciosa, leyó el manuscrito y me hizo numerosas y profundas observaciones.

Al escritor J.L. Hassen por haberme permitido entresacar de su obra poética fragmentos que, en la austera brevedad de la intuición vital y estética, condensan el mensaje desarrollado en la Palabra.

Por último agradezco tiernamente lo que **Sergio** y **Robert**, a sus cinco y cuatro maravillosos años, me han revelado del proceso de maduración, impulsándome y motivándome cariñosamente a meterme en su mundo lúdico-mágico, repleto de roles infantiles necesarios para el crecimiento personal. Ese mundo tan básico e importante, para el cual los "adultos", a veces, no tenemos tiempo o, tal vez, ternura creativa, juguetona, paciente y gozosa. Gracias y Thankfulness.

INTRODUCCIÓN

Sugerencias en el modo de leer este libro y de realizar los ejercicios prácticos que se proponen.

Este libro, estas reflexiones sobre la experiencia, no están escritas para ser apresuradamente leídas sino sosegadamente rumiadas, incorporadas, integradas. La finalidad de estas treinta palabras es provocar la **consciencia**. Por nuestra dimensión ética y frecuentes culpabilidades solemos apelar a la conciencia. Aquí no se trata de juzgar o juzgarnos, evaluar o autoevaluarnos; se trata sencillamente de darnos cuenta (awareness). La actitud traducida en conductas de darse cuenta, consciencia, supone permanecer en contacto con nosotros mismos, de manera que podamos conciencar todo lo que pasa en nosotros y en nuestra relación con el entorno. Es cierto que para eso necesitamos un frecuente y adecuado feed-back (FEED BACK: Retroalimentación; conocer el efecto de nuestras conductas en los otros); no podemos ser conscientes sin relaciones personales, al menos algunas, que tengan la libertad y afronten el riesgo de darnos noticia de lo que nuestra conducta produce en ellos. El feed-back no es fácil, es infrecuente y, a menudo, se da de una manera incorrecta. Solamente seremos conscientes en relación con los otros desde nuestra total realidad existencial.

La lucidez y la autenticidad necesitan un continuo darse cuenta. No resulta fácil permanecer en contacto con uno mismo y darse cuenta de lo que realmente siento o experimento. Una enfermedad psicológica, la alexitimia, es sencillamente el analfabetismo emocional: la persona no sabe leer sus propios sentimientos y, mucho menos, expresarlos.

El darse cuenta (awareness) es de gran eficacia terapéutica y necesario para el crecimiento personal. Un modelo psicológico, concretamente la psicoterapia gestáltica, centra este crecimiento y su dimensión curativa en el darse cuenta. Las preguntas con las cuales el psicoterapeuta trata de ampliar la "awareness" son reformulaciones del darse cuenta: ¿qué estás haciendo?, ¿qué es lo que sientes?, ¿qué es lo que quieres?, ¿qué estás evitando?, ¿qué es lo que esperas? Si el hombre o la mujer son conscientes, responderán con mayor o menor transparencia: "Ahora me doy cuenta de...". El darse cuenta, como señala F. **Perls**, es más difuso que la atención, implica una percepción relajada, en lugar de una percepción tensa llevada a cabo por la persona total. Darme cuenta es una forma de libertad o, más exactamente, un requisito para mi libertad. Es una posibilidad de no ser manipulado por fuerzas inconscientes, o fuerzas del entorno, sino de rescatar, para mi libertad, toda la energía personal.

Subrayo que se trata de una atención relajada para que el darse cuenta no se convierta en una tarea crispada, que al centrarse en algún contenido evite una mirada más perceptible y amplia. Conducir un coche supone una atención relajada en la cual simultáneamente se perciben datos de la marcha del vehículo, de la conversación, de la carretera lejos y cerca etc...; tensionarse, crispándose sobre el volante, indica una incapacidad de darse cuenta necesaria para la seguridad de la conducción.

La consciencia puede ser intelectual (a través de ideas, conceptos, imágenes...) o sensorial a través de la propia experiencia sensorial. Las dos son importantes. De hecho, en nuestra cultura hemos hipertrofiado la conciencia intelectual convirtiéndonos a menudo en una cabeza que camina. Recuperar la consciencia sensorial es, volver a poseer y actualizar lo que tuvimos en nuestra infancia de una manera espontánea y que facilitó nuestro aprendizaje. La consciencia sensorial nos permitirá ocupar la atención en datos reales y, a la vez, crear un espacio de silencio para que acontezca la intuición. El darse cuenta comienza con los sentidos, ampliándose a través de ellos a todo lo que constituye mi percepción relajada.

El darse cuenta responde al *cómo* más que al *porqué*. Es decir, no se trata de un proceso discursivo en busca de las causas de mi comportamiento, sino de una descripción del *cómo* se realiza, qué esta pasando en mí.

Decir consciencia equivale a *estar despierto* y eso no se consigue ahuyentando físicamente el sueño, sino captando relajadamente la realidad de nuestro interior y de nuestro entorno. Tenemos que aprender a mirar, ver, comprender, sentir.

Gran parte de nuestra vida la pasamos dormidos, no sólo en las horas reparadoras de descanso nocturno, soñándonos y soñando la vida en lugar de vivirla. Esta falta de consciencia se debe a una lectura incorrecta de la realidad por el procesamiento de datos exteriores o interiores. En la sociedad se están produciendo constantemente medios de manipulación políticos, educacionales, culturales, económicos, religiosos para dificultarnos la consciencia, o, al menos, para amaestrarla al servicio de la visión rentable de la "realidad" que favorece a quien detenta el poder. Los medios de comunicación, por poner un ejemplo, difícilmente superan la tentación de manipular la noticia, el dato, con lo cual nos dificulta la consciencia y la consiguiente orientación del juicio y la libertad personal y social.

El problema consiste en que esta falta de consciencia no radica en que no queremos abrir los ojos (en esos casos frecuente pero claros es evidente el problema psicológico, la alienación, la debilidad ante la manipulación o, incluso, la mala fe) sino en la selección de datos que hacemos para configurar nuestra visión de la realidad a intereses, necesidades, fantasías y deseos. Viendo, estamos evitando ver; captando, procuramos no enterarnos; oyendo, no escuchamos. Estas conductas o actitudes más que a una agresividad contra la "ceguera voluntaria" (que puede ser espontánea y comprensible) nos debería llevar a darnos cuenta de que ver no es fácil, que estar despierto puede ser muy incómodo y que a las sociedades e instituciones poderosas, empresas, poderes culturales, no les interesan hombres y mujeres libres, es decir sin la consciencia amaestrada.

Despertar, iluminación, cambio, conversión, liberación, son distintos nombres y matices de una realidad fundamental que comienza en la consciencia. El hombre o la mujer iluminado, iluminada, o la persona despierta es esa mujer o ese hombre libre para vivir la realidad.

La consciencia supone una lenta pedagogía; va creciendo con nosotros y ese "nosotros" tiene aquí un sentido relacional, comunitario, social. Un monólogo nos hace conscientes del sí mismo, un diálogo nos abre a la realidad y nos cambia en ella y con ella.

La consciencia es un punto de mira; es fundamental el *desde dónde* de ese punto de mira, pues de eso dependerá la realidad abarcada y comprendida.

1. La dificultad de ser consciente

A las dificultades exteriores, ambientales o derivadas de nuestra ubicación en la realidad, se añaden dificultades interiores que tienen que ver con nuestra historia psíquica y con nuestra estructura de personalidad.

1.1. La imagen que tenemos de nosotros mismos

Si no está elaborada en sana conexión con lo que realmente somos, nos impedirá ser conscientes de aquello que no se ajuste a esa imagen consciente. Si nos creemos desastrosos, perdedores, fracasados, seremos "ciegos" para aquellos datos de nuestra vida real que apunten hacia pequeños éxitos, logros positivos, triunfos reales en la vida. Nuestra autoimagen hará de filtro que impedirá ver esa parcela de la realidad que no corresponde al perfil subjetivo con el que hemos ido elaborándola. Seremos conscientes de lo que tenemos que ser o de lo que tememos ser pero no de lo que somos.

1.2. La dificultad de querernos tal como somos

Nos impulsa a elaborar nuestra imagen de tal forma que dé razón de la justicia, del desamor que nos tenemos o, por el contrario, que muestre un rostro más amable y aceptado por el entorno que nos permita querernos o, al menos, gustarnos al ver esa foto en la que "hemos salido bien" y cuyos retoques nos permiten engañarnos sobre nuestra verdadera imagen. **Sólo el amor conoce la verdad**, y la consciencia necesita amor a nosotros mismos y a la realidad aunque no nos guste esa realidad.

2. Dificultades de la consciencia. Los mecanismos de defensa

Una fuente de dificultades psicológicas, para ser conscientes en la vida, nos viene de nuestros mecanismos de defensa. Simplificando: de aquellas estructuras inconscientes que falsean o niegan la realidad para eliminar la angustia y la ansiedad, la culpabilidad o los datos amenazantes. Todos hemos cultivado o seguimos manteniendo mecanismos de defensa en un grado mayor o menor. Lo sano sería una consciencia lúcida que nos permitiera aprovechar todo el potencial humano alienado por los mecanismos de defensa, dialogar con la realidad personal y social sin que se disparasen esas estructuras de emergencia para hacernos tolerable la vida psíquica.

De la veintena de mecanismos de defensa que podemos observar en el área psicoterapéutica describiré algunos, a modo de ejemplo, simplificando su dinamismo, ya que más que el mecanismo de defensa me interesa dejar claro que la consciencia de la cual nace la palabra puede estar deformada, alienada, falseada o negada.

2.1. La Introyección

La palabra es nuestra y nos responsabilizamos de ella cuando la reconocemos como tal. La palabra que nos expresa, en la cual decimos algo nuestro y nos decimos a nosotros mismos, puede estar falseada por el mecanismo de introyección. Creemos decir algo que nos pertenece experiencialmente y sin embargo estamos mimética o mecánicamente repitiendo palabras de otros que hemos introyectado y nunca asimilado. Dentro de nosotros, como cuerpos extraños tenemos criterios, imágenes, sentimientos que hemos pedido prestados al medio y nos hemos tragado sin enterarnos de que no pertenecen a nuestra autenticidad. Atribuimos a nuestro "yo" aspectos que nos ha dado la cultura, las subculturas grupales, familiares, la religión, la sociedad, la empresa... y que jamás hemos hecho nuestros. La palabra que nace de nosotros en estas condiciones descritas no acarrea nuestra propia vida sino la huella que otros han dejado en mi. Esta palabra no es mía hablo por boca de otros creyéndome auténtico y congruente. La consciencia no dice de verdad lo que soy o siento, sino lo que "debe" decir en esa situación vivenciada. Tenemos que aprender a apartar de nosotros todo lo que no constituye la verdad que nos hace libres y a no considerar como nuestra verdad criterios que jamás asimilamos porque no tienen nada que ver con nuestra persona ni con una auténtica elección existencial.

2.2. La Proyección

Existen experiencias, emociones, ideas nuestras que nos angustian al hacernos responsables de ellas. En estos casos las proyectamos hacia otras personas, alienando lo que, en realidad, nos pertenece. Proyectamos una característica, motivación, impulso, sentimiento... que consideramos inaceptables y que, ciegos a nuestra realidad, no reconocemos como nuestros. Cuando ocurre esto no nos enteramos de quiénes somos de verdad. Proyectamos sobre otros lo que nos pertenece e identifica. Lanzamos fuera lo que estructura parcialmente nuestro interior con lo cual perdemos una parte del puzzle de nuestra personalidad y hacemos ajena una verdad que nos construye, aunque lo haga dolorosamente. Al proyectar no nos responsabilizamos de esa palabra nuestra y se la adjudicamos al otro o a los otros impidiendo la transformación que, a través de esa palabra, podría operarse en nosotros. En realidad somos inconscientes de algo nuestro que necesitamos para decirnos de verdad.

2.3. La Sublimación

Modifica los impulsos de manera que sean socialmente aceptables. Al sublimar no nombramos la realidad de nuestros impulsos y se nos escapa también nuestra verdad, aquella que nos haría libres para integrar en nuestra persona impulsos tal vez no gratos para hacer socialmente aceptable nuestra imagen. Nombrar la realidad para edificarnos es tarea de la consciencia; si disfrazamos esa realidad personal nuestra palabra no nos construirá, sino que creará un vacío alienante distorsionado que nos aleja de nuestra verdadera naturaleza y que por ello no encuentra el camino de la realidad y de la identidad. Todo un mundo socialmente aceptable, aséptico o irreal puede entrar mediante la sublimación en nuestra consciencia, impidiendo en nuestra vida la densa consistencia, que da la verdad del "al pan, pan, y al vino, vino" como expresa la sabiduría popular. Erotismo revestido de gasas y tules espirituales, ansias de poder envueltas de conductas serviciales, dogmatismos con rostro de fidelidad, victimaciones agresivas para nosotros disfrazadas de humilde entrega, narcisismos egocéntricos nombrados como perfección moral etc. La sublimación nos dificulta la consciencia, nos impide presentarnos ante nosotros mismos y ante los demás tal como somos, aceptándonos para poder ser auténticos, sinceros y congruentes. Es decir, para que los tres niveles de nuestro ser se constituyan armoniosamente: lo que somos profundamente, lo que sabemos de nosotros mismos, lo que decimos a los demás.

2.4. La racionalización

Selecciona los motivos más favorables que pueden explicar nuestra conducta de manera aceptable. Es aquello de las uvas inalcanzables que "están verdes" y "no nos interesan". Al racionalizar mitigamos nuestra ansiedad con una explicación que de momento nos tranquiliza o nos deja en buena situación ante nosotros, pero que, de hecho, no convence a nuestro psiquismo, a nuestro cuerpo. Una persona con tendencia a la racionalización no podrá fiarse de su palabra como portadora de una parte de su verdad. Hay personas que no practican nunca una sana comunicación, ni consigo mismas ni con los otros y, por ello, al hablar no se dicen, al decirse no hablan de sí mismos. Necesitarán un lento aprendizaje de la autenticidad a través de grupos, amigos, tal vez de una ayuda terapéutica para que su palabra se beneficie de la consciencia de su verdad sin miedos ni angustias. Conocer la verdad de nuestro deseo, reconocer sencillamente nuestras necesidades; tolerar su frustración o negociarla, forman parte de la tarea y el aprendizaje de ser personas. La verdad crece hacia la luz, la racionalización la desvía, sofoca, enmascara. Si la palabra es espacio de crecimiento tiene que desmontar la racionalización para aceptar con honestidad la verdad que late dentro de nosotros mismos.

2.5 La retroflexión

Otro mecanismo de defensa que dificulta la consciencia es la retroflexión. A través de ella nos hacemos a nosotros lo que querríamos hacer a los otros; volvemos hacia nosotros mismos impulsos que, por su naturaleza, van dirigidos hacia el entorno, hacia los otros. La culpabilidad tan frecuente y dolorosa en el ser humano es agresividad retroflexionada, es decir, vuelta contra nosotros mismos. La agresión por medio del remordimiento que no nace de la luz y de la verdad, vuelve hacia nosotros el violento impulso con el que, tal vez, querríamos liberarnos de la ley opresora, de los dedos acusadores, de las exigencias desmesuradas. Al retroflexionar no reconocemos nuestra agresividad, pensando falsamente que al atacarnos a nosotros mismos, la violencia deja de ser un mal; justificamos la retroflexión como si pudiéramos hacer daño irresponsablemente, como aquellos que justifican el salvajismo con sus hijos diciendo: "Son mis hijos".

2.6. La represión

Excluye impulsos y su representación con lo cual alienamos una parte de nosotros mismos. Nuestra personalidad oprimida está ahí real, actuante, inconsciente; nos configura sin darnos cuenta, nos "ataca por la espalda". La represión, tan frecuente como mecanismo que nos permite adecuarnos a conductas sociales ideales, hurta a nuestra consciencia una parte real de nosotros mismos. Un aspecto importante de la vida consciente es el autocontrol y otro, muy distinto, es la represión. Si el control nace de la libertad que elige, la represión nace del miedo que oprime. El autocontrol no es represivo sino consciente. No debemos tener miedo a la realidad que "necesitamos reprimir". Un diálogo con esa realidad nos permitiría recuperar nuestra auténtica estatura humana: saber de nuestra pequeñez sin avergonzarnos y de nuestra grandeza sin enorgullecernos.

3. Palabra y experiencia

Estamos hablando de la consciencia. La consciencia que da verdad a nuestra palabra que, a través de ella, acarrea persona, **es la capacidad de nombrar correctamente la realidad**. Hablo de la palabra que nombra mi interior y de la que me expresa. La palabra que estructura la comunicación intra e interpersonal.

La mujer, el hombre, somos seres existentes. Traducido a términos psicológicos, decimos que somos sujetos de experiencias. Siempre estamos experimentando algo, es decir, sabiéndonos vivos, existentes, unificados y relacionados. La palabra para acarrear vida, es decir, para que diga algo de nuestra verdad vital y transforme al que la escucha, informándole o uniéndonos a él a través del mensaje de nuestra presencia dicha, expresada para que sea verdad, debe ir unida a la experiencia personal. A través de la palabra compartimos lo que somos, nos decimos a nosotros mismos y tendemos un puente hacia el otro o los otros por el que pueden acceder a la verdad de nuestro ser, de nuestro pensar o de nuestro sentir.

La palabra que nombra nuestra experiencia en los distintos niveles que puede darse en la persona debe estar muy cerca de esa experiencia pues de ella bebe su energía transformante. La experiencia esta preñada de una palabra y cuando da a luz esa palabra la verdad se hace presente.

La mujer y el hombre somos hacedores, creadores de símbolos. Una manera de simbolizar nuestra experiencia es expresarla a través de una palabra. Es verdad que la imagen, el gesto, todo nuestro lenguaje no verbal, puede transmitir, informar, influir, compartir. Pero la palabra es el símbolo privilegiado que estructura la comunicación humana.

La palabra puede estar muy lejos de la experiencia. Reflejar débilmente, a través de abstracciones y generalizaciones, experiencias que quedan diluidas en lo universal, poco concreto, impersonal. Coloquial, intelectual o rebuscadamente encubridora, la palabra que está lejos de nuestra experiencia no nos dice a nosotros mismos ni al otro. Cuando escribo *Treinta palabras para la madurez*, estoy invitando al lector a sopesar con el corazón la palabra de su boca para intuir el peso específico de persona que acarrea. Una palabra contribuirá a nuestra madurez si se alimenta de experiencias unificadoras y unificantes, verdaderas y sinceramente expresadas.

La palabra lejana de la experiencia refleja débilmente algo de la realidad que no transmite verdaderamente la individuación y concreción de esa realidad verificada en nuestra persona de mujeres y hombres concretos. El continuo de nuestra experiencia se puede simbolizar con palabras lejanas: será muy distinto pronunciar la palabra amor, de una manera vaga, convencional y generalizadora a decir: te quiero. Existe una conexión entre estas dos palabras. El contenido intencional puede hasta ser el mismo y sin embargo la primera enuncia intelectualmente un tema y la segunda transmite vitalmente un mensaje. La primera estaba, tal vez, muy lejos de un sentimiento, energía, actitud o vivencia amorosa; la segunda estaba diciéndome en mi relación amorosa hacia otra persona. Está comunicando la verdad de mi experiencia personal. Estaba hablando elocuentemente de mi existencia como de alguien que ama en este momento. Alguien que establece una conexión entre sí mismo y el otro, a través del "te quiero".

La palabra, para que sea auténtica consciencia, debe acercarnos a nuestra realidad. Debe nacer de la percepción responsable de lo que acontece en nuestro ser y en nuestro obrar. Debe decirnos al decirse. Más que hablarla nos habla. Más que dar, nos da. La tarea de acercar las palabras a la experiencia no es nada fácil, ni en el mundo intrapersonal ni en el interpersonal. El difícil arte de la comunicación se ve necesitado de esa cercanía palabra-experiencia. Sólo cuando nuestra palabra está amasada por nuestra experiencia tiene un poder madurante. Entonces sacamos del horno de la experiencia la hogaza caliente de nuestra palabra. Podemos compartir lo que somos y tenemos en la verdad y el calor de lo recién hecho, de lo natural, de lo auténtico.

Ser una mujer o un hombre de palabra supone que nos comprometemos con todo lo que esta palabra simboliza, comunica, expresa. Dar nuestra palabra es darnos en una dimensión de nuestro ser. Responsabilizarnos identificándonos con lo que decimos, comprometiéndonos a hacer realidad lo que consensuadamente simboliza la palabra.

El hombre, la mujer, puede decirse o desdecirse: ahí radica su libertad originaria y fundante. La palabra que nos dice y a través de la cual decimos algo a alguien realiza lo que anuncia si verdaderamente nuestro ser sintoniza con el contenido real de esa palabra. La persona puede hablar pero lo importante es comunicar. Escuchamos lo que dice, nos llega lo que comunica. Cuando en treinta palabras para la madurez me refiero a cada una de ellas lo hago en este sentido: en su dimensión más profunda en contacto con lo que anuncia esa palabra. Acercar la palabra a la experiencia es acercar el mensaje a la verdad. Tener respuesta a la interpelación sobre esa verdad de lo que decimos. Sabiendo que la palabra es presencia y ausencia a la vez. Aquí **Lacan** tiene algo importante que enseñarnos.

3.1. *Cabeza. Corazón. Hara*

En tres culturas diferentes: Occidental, Mediterráneo Oriental y Mundo Eslavo y Extremo Oriente, el centro de la persona es distinto. El **lugar** desde donde hablamos es diferente. En Occidente, heredado de la filosofía Griega, de su sabiduría y del pragmatismo romano, el centro es la **cabeza**. La palabra será dicha desde la percepción de la realidad y la lógica de su discurso. En el cercano Oriente, el mundo Griego, Eslavo, la Palestina de los tiempos bíblicos, el centro es el **corazón**: la palabra adquiere consistencia cuando expresa el corazón de la mujer, del hombre que se dice en ella. En el Extremo Oriente el centro antropológico es el **Hara,** ese punto situado en el abdomen que simboliza las entrañas y el centro vital del organismo humano. La palabra se dice entrañablemente, asimiladamente, desde el abdomen, dándole al silencio y al mensaje una densidad característica.

Cabeza, Corazón, Hara, tres centros desde donde hablamos, nos comunicamos, nos centramos o descentramos en nuestro discurso. La palabra, en nuestra concepción, puede unificar estos tres centros dando al mensaje un poder unitivo. Es verdad que de la cabeza al corazón se encuentra el camino más largo del mundo; no lo es menos que del corazón al Hara hay un largo recorrido. La palabra puede unificarnos cuando nos comprometemos por entero con ella. Cuando nuestro cuerpo, corazón, mente y espíritu se dicen de una manera armoniosa y coherente en la palabra que emana de nosotros.

INTRODUCCIÓN

3.2. PALABRA y palabras

Todas nuestras palabras son palabras con minúsculas hechas a nuestra estatura humana. Esto no les resta importancia, les da verdad y realismo. Pero en las grandes tradiciones religiosas también existe la palabra con mayúscula, esa palabra es a la que se refiere el prólogo del evangelio de San Juan cuando dice:

Al principio ya existía la PALABRA.
Y la palabra se dirigía a Dios.
Y la palabra era Dios...

Todo existió por medio de ella,
y sin ella nada existió de cuanto existe.
En ella había vida...

Abiertos a la Palabra, en estas reflexiones sacadas de la experiencia vital nos referimos a las palabras que nos constituyen, estructuran y nos permiten sabernos y transmitir ese saber. Treinta palabras no son al estilo de **Hamlet** palabras, palabras, palabras, sino que cada una tiene una importancia significativa para construirnos y construir la realidad, dándole un significado preciso, humano, verdadero. Palabras que nos hacen grandes, mayores que nosotros mismos. Palabras que son la elección en una encrucijada interna y externa que hacemos para elegir el mensaje que queremos transmitirnos y transmitir. Palabras para el camino y el caminante. Palabras para la madurez. Es decir para que ese proceso de maduración que comienza en el útero y acaba en la muerte, fluya de una manera coherente y adecuada a lo que somos, hemos sido y queremos ser. Palabras que nos vinculan, liberan, dejando nuestra huella existencial en cada paso del camino de ser humanamente maduros. Palabras fecundas que transmiten vida, nuestra vida y que invocan liberándola la vida de los demás. Palabras respetuosas y arriesgadas; silenciosas y elocuentes; sencillas y profundas; cotidianamente sembradas y cultivadas en los surcos de nuestra vida y puntualmente dichas como hitos de una existencia en sus momentos más cruciales y significativos. Palabras libres y liberadoras que gritan o susurran nuestra libertad y liberan en nosotros y en los demás la capacidad, acogida con respeto, de decir su palabra. Palabras que nos hacen crecer como el niño va aprendiendo en su ensanchamiento de experiencias a nombrar la realidad, a expresar sus deseos.

La palabra siempre tiene algo de mágica pero las palabras a las que nos referimos no son magia. El pensamiento mágico por el que pasamos en nuestra infancia queda superado en un crecimiento maduro en el que aceptamos que nuestras palabras tienen un gran poder, y a la vez balbucean nuestra debilidad. Palabras que nos hacen vulnerables porque muestran nuestro interior y nos comunican simultáneamente, para quien quiera escucharlo y verlo, la riqueza de lo que somos, mucho más grande de lo que decimos.

3.3. Del pensar al ser

La palabra recorre un itinerario que va del pensar al ser. El punto de arranque de esta reflexión es una inspiradora cita del doctor **Laing**: "lo que nosotros pensamos es menos de lo que sabemos; lo que sabemos es menos de lo que amamos; lo que amamos es mucho menos de lo que existe." Vamos a seguir los pasos de ese crecimiento personal que puede operar la palabra dicha desde distintos niveles del hombre, de la mujer. La descripción de estos pasos, flexibles, entrelazados en una interacción profunda es puramente indicativa de los sucesivos horizontes que la palabra puede ir teniendo. A primera vista puede parecer complicado, pero si observamos atentamente, estos distintos niveles pueden ser representados como una montaña que nos va proporcionando, sendero arriba, panorámicas cada vez más amplias. O, tal vez, como círculos concéntricos en los que la palabra va teniendo cada vez más radio de acción, más energía transformante.

La palabra puede ser vehículo de nuestros pensamientos. Es cierto que la dimensión cognitiva es una parte muy importante de nuestra vida; a través de ella nos decimos y nombramos la realidad, intercambiamos información y nos identificamos. Por medio de los conceptos ensayamos la transformación de la vida.

Aprender a pensar mejor, como dice y escribe profundamente **Miguel De Guzmán**[3], o quitar las ideas irracionales típicas del RET de **Albert Ellis,** es vital para la calidad humana de nuestra vida, aparte de la investigación de nuevas formas estructurales de pensar, solucionar problemas, buscar sentido a la existencia. Los pensamientos son una pequeña parte de nuestra persona, mucho mayor de lo que se dice o se conceptúa. Sería como la punta de un iceberg cuya masa hundida, no visible, es lo que, en definitiva, da la consistencia flotante a esa pequeña parte.

Sabemos más de lo que pensamos. Hemos aprendido a comunicar una pequeña parte de nuestra sabiduría. Lo que sabemos orienta a menudo nuestra vida silenciosamente. La sabiduría de nuestro cuerpo, la potencialidad del hemisferio derecho se dice sólo en parte pero esta ahí, densa, real, callada. A veces no podemos explicar plausiblemente decisiones que tienen más que ver con la sabiduría que con nuestros saberes, más con nuestro sentido común que con la lógica de nuestros pensamientos.

El mundo de nuestros sentimientos, que puede expresar la palabra, se escapa sutilmente de nuestros moldes conceptuales. **Izard** afirma que "las palabras no son isomórficas con los estados emocionales". Al verbalizarlos los desfiguramos. Tenemos sentimientos que aparecen con una luminosa identidad, mientras que la tonalidad de otras emociones se difumina en una imprecisa bruma interior. En ocasiones no sabemos muy bien lo que sentimos e incluso coexisten, en nosotros, sentimientos contradictorios. Los filósofos escolásticos ya decían que **lo afectivo es lo efectivo.** La palabra que nombra los sentimientos transmite mucho más que una información: expresa y da un poder al otro, a veces no deseado, para conocer lo que, en verdad, sentimos. Siguiendo la pista de los sen-

---
3. **De Guzmán, M.** (1995). *Para pensar mejor. Desarrollo de la creatividad a través de los procesos matemáticos.* Pirámide. Madrid.

timientos podremos acercarnos con más autenticidad al "¿Quién soy yo?"; dialogando con ellos y desde ellos nuestra palabra traerá su verdad desde raíces más hondas. Nuestros primeros recuerdos se estructuran en sensaciones somáticas que formarán, mas tarde, bases orgánicas para nuestros sentimientos. Sin juzgarnos ni censurarnos, sabiendo que si bien nuestra persona es mayor de lo que sentimos, también es lo que sentimos.

Lo que sabemos y sentimos es mucho menor de lo que amamos. Decir "yo amo" es identificarse con esa energía unificadora que descubre, valora y vivifica. Es verdad que el "yo" es muy pequeño para apropiarse del amor que le constituye, invade y sobrepasa. El amor nos ha hecho crecer como personas y cuando somos capaces de decir de verdad "yo amo", estamos dando el mejor fruto de nuestra vida. El amor ha constituido el "yo" sano y su crecimiento le permitirá establecer vínculos en los que se autotrascienda y hasta se olvide del propio yo. El amor llega más allá de nuestra lógica, tiene su propia coherencia interna que, a veces, no coincide con el discurso cognitivo. Una palabra nacida del amor a una persona, una tarea, una parcela de la realidad dice expresivamente quiénes somos: dime qué o a quién amas y te diré quién eres o quién quieres ser.

Pero el amor ha de ser inteligente. La inteligencia emocional, como divulga el reciente libro de **Daniel Goleman,** es un factor importante en nuestra estatura y madurez humana. El amor que se dice ha de ser lúcido, sabio, realista, armonizable con el sentido común y sanamente creativo. El conocimiento situado en esta perspectiva y acarreado por palabras que nacen de esta fuente, es amoroso y a la vez iluminador. El amor en la profundidad en que nos encontramos no solamente no ciega, sino que es la única manera de conocer la verdad, de conocer al otro.

Lo que amamos es mucho menos de lo que existe. Hay palabras que llegan al umbral del ser. Ahí comienza el silencio expectante. Ahí la palabra se vuelve inefable y la soledad del ser en su grandeza y su concreción se dice más con el silencio que con los símbolos. La intuición agradecida, simple, del ser, es la iluminación, el despertar. En el silencio preñado de mensaje y de presencia la palabra se queda corta. Cada hombre, cada mujer, tiene su profundidad silenciosa. Llegar a su frontera supone descalzarnos y asombrarnos, respetar y callar, escuchar y acoger en el mismo silencio en el que acontece el misterio personal.

3.4. *Palabra y autoconcepto*

Una sugerencia que hace referencia al autoconcepto, a la idea amasada con emociones que tenemos de nosotros mismos. El autoconcepto guía nuestra identidad, nos hace saber quiénes somos y nos referimos a él a la hora de decir nuestra palabra. Si el autoconcepto no está puesto al día, es erróneo, distinto, o tal vez contrario a la realidad personal, puede desorientar nuestras palabras en las que decimos más bien lo que deberíamos ser o creemos ser que lo que somos. Muchas veces la palabra no nace de nosotros mismos, sino de nuestra personalísima interpretación de la realidad, en la cual el autoconcepto juega un papel importante. Por eso el autoconcepto que refleja fiel y dinámicamente quiénes somos podrá permitirnos decir palabras veraces, auténticas, congruentes con nuestra realidad. El autoconcepto debe guiarnos para enriquecer su perfil con el ir y venir de palabras que van tallando y modelando nuestra realidad personal, nuestra identidad de hombres o mujeres concretos, individuales, irrepetibles, insustituibles. La tarea de poner al día nuestro autoconcepto, que olvidamos frecuentemente, sobre todo cuando no vivimos una comunicación verdadera intra e interpersonal, no es un encargo superfluo. Uno de los filtros más importantes de nuestra comunicación es el autoconcepto; él decide si lo que vamos a decir es coherente o incoherente. El juzga si esa palabra es nuestra o no lo es, es verdadera o es falsa. Saber nuestro autoconcepto y dejar que las palabras que van y vienen de dentro a fuera y de fuera a dentro lo moldeen y lo vayan tallando, es perfilar nuestra identidad y expresarla con palabras que nos irán madurando.

4. La madurez. Proceso y dimensiones

Hablar de la madurez no es fácil si tenemos una pretensión científica. Explorar la madurez conlleva una opción consciente o inconsciente de lo que constituye la esencia o valor supremo del vivir humano: placer, felicidad, mística, espiritualidad, inteligencia, acción, servicio a la humanidad, etc. Cuando **A. Maslow** investigó la autorrealización, concepto afín a la madurez, pensó que era tratable científicamente, puesto que es posible escoger la gente que nosotros consideramos madura o admirable y, estudiándolas, ver qué rasgos tienen en común. Desde el punto de vista científico, esa elección de gente madura para inducir los rasgos comunes, supone una opción previa, un "a priori", del que la ciencia no puede dar cuenta por entero. No es un aspecto puramente subjetivo pero tampoco podemos afirmarlo como totalmente objetivo. La madurez depende de la cultura de las distintas épocas en las que hombres y mujeres se han creado su propia imagen ideal. **Peter Drucker** distingue la siguientes imágenes de hombre ideal, que completadas son:

1. **El espiritual**: dimensión humana abierta a la trascendencia en una autorrealización que dimensiona el aspecto espiritual del hombre.

2. **El intelectual**: fruto del renacimiento y la reforma que cree en la autonomía del hombre frente a Dios y en la fuerza de la RAZÓN. De aquí arranca el desarrollo de las ciencias y de los descubrimientos.

3. **El político**: de finales del siglo XVIII y predecesor de la revolución Francesa que valora la acción que produce cambios sociales en los cuales todos los hombres podamos ser más iguales y más justos.

4. **El económico**: que piensa en la infraestructura más condicionante de lo humano: la económica. Distintas versiones de este hombre son las de **Adam Smith** y **Karl Marx**.

5. **El héroe**: respuesta a las crisis del capitalismo y del comunismo.

6. **El psicológico**: que corresponde a la imagen del hombre y de la mujer que puede dar cumplimiento a sus necesidades internas de una manera equilibrada. Freud sería el primer y más grande representante de esta línea de salud y crecimiento personal.

7. **El científico**: derivado del hombre intelectual del Renacimiento y que acompaña a todo el desarrollo técnico o industrial.

8. **El postmoderno**: con todas las características de la postmodernidad que implican aspectos contraculturales en el concepto de madurez.

9. **El tecnológico**: fruto del desarrollo de la tecnología, del poder de la información y de otros aspectos que estructuran el mundo actual.

La madurez más que una meta es un proceso. Más que afirmar este hombre, esta mujer, son maduros, tendríamos que verificar si su vida fluye con madurez en respuesta a estímulos circundantes y en equilibrio de su mundo interior y exterior. La madurez como proceso supone la habilidad de dar cumplimiento y realizar necesidades deseos, relaciones, vínculos y compromisos. El hombre o la mujer maduro, como afirmaba Freud: **capaz de amar y trabajar**, es la persona que se encara a lo cotidiano con recursos humanos suficientes para dar respuestas adecuadas y manejar emociones, datos, situaciones diferentes y a veces novedosas.

Hablar de madurez nos lleva a considerar sus **DIMENSIONES**. La madurez es un concepto polivalente.

Se puede hablar de madurez **corporal**: cuerpo, salud, energía vital. Madurez **intelectual**: el C.I., desarrollo de capacidades mentales, lecturas, resolución de problemas, análisis de la realidad etc. Madurez **afectiva**: expresión de sentimientos, comunicación afectiva, inteligencia emocional. Madurez **sexual**: identidad sexual, disfrute, expresión, lenguaje y comunicación del hombre, la mujer sexuados. Madurez **espiritual**: sabiduría de la vida, ética, valores, honestidad. Madurez **social**: adaptación, habilidades para manejarse en grupo, apertura a los otros, flexibilidad, capacidad de escucha, expresión, pertenencia, etc. Madurez **laboral**: habilidades, destrezas en el trabajo profesional, competencia, responsabilidad etc. Madurez de **creencias**: sentido de la vida, transcendencia, cosmovisión, etc. Madurez en el **autoconocimiento**: esfuerzo e interés por conocerse, comprenderse, analizarse, integrarse... Madurez **sociopolítica**: participación, compromiso, talante democrático, solidaridad en dimensiones comunitarias, ciudadanas.

En este breve recorrido vemos que afirmar o negar la madurez de una persona implica matizar en qué dimensión, situación y cómo se realiza relacionalmente esa madurez. Un hombre, una mujer, puede ser maduro en un aspecto e inmaduro en otros. Es verdad que la auténtica madurez actúa como por vasos comunicantes e interpela para crear en la persona total un equilibrio en las distintas dimensiones del crecimiento personal.

Resumiendo, para una aproximación descriptiva de la propia experiencia:

DIMENSIONES DE LA MADUREZ

	1	3	5	7	10
CORPORAL (cuerpo, salud, energía vital)					
INTELECTUAL (desarrollo de capacidades mentales, lecturas, solucionar problemas, análisis de la realidad)					
AFECTIVA (autoexpresión de sentimientos, comunicación afectiva)					
SEXUAL (identidad sexual, disfrute, expresión, comunicación)					
ESPIRITUAL (sabiduría de la vida, ética, valores, honestidad)					
SOCIAL (adaptación, apertura a los otros, flexibilidad)					
LABORAL (habilidades, destrezas, competencia, responsabilidad)					
CREENCIAS (sentido de la vida, trascendencia, cosmovisión)					
AUTOCONOCIMIENTO (esfuerzo e interés por conocerse, comprenderse, analizarse)					
SOCIOPOLÍTICA (participación, compromiso, talante democrático, solidaridad en dimensiones comunitarias, ciudadanas)					

1
ADIÓS

Adiós cuando no es una frase coloquial, cotidiana, es una palabra difícil de decir en muchas circunstancias de la vida. En nuestras lenguas más cercanas solemos sustituir la radicalidad del adiós por un hasta la vista, nos vemos, hasta luego. Y es que la palabra adiós es una palabra muy fuerte. Cronológicamente es la primera palabra, sin decirse verbalmente, que pronuncia la niña, el niño, cuando se separa del útero. La palabra adiós es despedida, distancia, separación, en definitiva: **cambio**. La psicología social ha estudiado profundamente nuestra resistencia al cambio y cada adiós produce un cambio.

Por el adiós convertimos algo presente en pasado: hacemos historia en nuestra autobiografía. El adiós hace un hueco en nuestra vida: cabeza, corazón, pertenencias, presencias, situaciones... Este hueco es el que nos va a permitir seguir viviendo, aprendiendo, madurando.

Podemos decir adiós a personas a instituciones, a úteros o a cárceles. Es necesario aprender a decir adiós a ideas que nos han acompañado en un trecho de nuestra vida a emociones que tal vez animaron el corazón de nuestra existencia en una época, a afectos, a tareas, a roles, a paisajes.

El adiós puede ser doloroso, gozoso, o casi, indiferente. Un adiós doloroso libera: es el adiós a un aspecto de la vida que nos oprimía, esclavizaba, causaba dolor. En el adiós se pueden generar nostalgias del pasado, sensación de pérdida, destancias difícilmente asumibles.

Existe un adiós realista y otro adiós escapista. El adiós realista, es el que se impone o por el crecimiento personal o por elección humana o por el inexorable proceso de vivir. El adiós escapista es evasivo, huidizo. Denota que la persona que lo verbaliza de verdad es incapaz de comprometerse con la realidad de dentro o de fuera. De estar el tiempo justo para asumir una verdad, en la existencia personal.

El todo fluye de **Heráclito,** nos sitúa en la vida como en un río que dice constantemente adiós a sus fuentes, a los pueblos a las riberas y márgenes, a los puentes y montañas, paisajes y personas. Si la vida fluye el adiós es necesario para situarnos en el proceso de vivir. No saber decir adiós es estancarnos e impedir en nosotros esa energía vital que nos empuja a un constante cambio e intercambio y, por lo tanto, a un frecuente adiós.

La historia es la constancia del adiós. Releer nuestra historia es asumir los adioses que han cerrado capítulos y abierto espacios a las nuevas experiencias.

LA MUERTE es la experiencia del último adiós. Esa muerte olvidada, enmascarada, o afrontada con realismo sano va a ser el último adiós a una cadena ininterrumpida de adioses. Esto no significa que tengamos que aprender del adiós de cada momento de nuestra vida a preparar el último adiós. No, tenemos que vivir el presente: el adiós lo facilita, lo permite, le da auténtica consistencia. La vida ya se encargará de hacer madurar nuestro corazón para tener la libertad, el realismo, la energía y la esperanza suficiente para poder decir el último adiós.

En nuestra cultura la muerte es una noticia fugaz que, frecuentemente, pasa desapercibida. Y, sin embargo, está presente desde que nacemos como horizonte dimensionador de nuestra existencia. Podemos olvidarla, intentar retrasar este último **adiós**, pero ahí está, con su total y universal realismo configurando nuestra vida. Ante la muerte existen, de hecho, tantas posturas como individuos. Influyen, en la actitud "ser-para-la-muerte", propia y ajena, los sistemas de creencias, las filosofías de la vida, la Fe, la alienación, el espiritualismo evasivo, el vacío existencial, los sistemas reencarnacionistas, las religiones, etc...

Hoy la medicina puede prolongar nuestra vida, al menos el funcionamiento de nuestro organismo, pero no puede darnos un sentido ante el morir y, a veces, ni una calidad humana en el "durar". El adiós que nos impone la muerte puede ser experienciado como un desgarrón doloroso, un descanso, una despedida, una aniquilación o un nacimiento, no exento de dolor, a una **VIDA**. El duelo que nos permite elaborar una muerte cercana es aprender a decir adiós y seguir vivo. Para algunas personas la despedida no sólo se remansa en el recuerdo sino que encuentra la paz, compatible con el dolor, en la convicción que el viviente no sólo no muere nunca definitivamente sino que acontece en una existencia inasible pero profundamente real. El amor propio y ajeno hace de la muerte, frecuentemente, un penoso trance, ¡qué difícil es decir adiós al que amas! y, a la vez, arropa la soledad de la muerte confortando con densidad amorosa la consciencia de haber vivido. Esa fecundidad de la vida, palpada en el amor, a veces sólo el tacto puede comunicarla, puede fortalecer la serenidad que deletrea el último adiós.

Todo esto, no nos ahorra el grito ante tantas muertes absurdas, prematuras, o injustas, el llanto que brota del corazón. Pero la muerte puede ser vivida como penúltima palabra, la última sería el **amor** que nos permite convivir con el adiós que el corazón intuye, no sin dolores de parto y soledades profundas, y que la razón no comprende. Su universal y total realismo, para muchos aplastante, es interrogante para todos.

Lo contrario del adiós es inmovilismo, depender, agarrarnos sin soltar un instante que se nos va de entre las manos. No podemos imaginarnos sin esta persona, aquella cosa, esta circunstancia. Aprender a soltar es saber ser nosotros mismos, en el proceso cambiante de nuestra fidelidad al ser de nuestra identidad creciente. Las grandes amenazas al adiós, psicológicamente, serán las fijaciones o las regresiones. Quedamos fijados en una etapa que, evolutivamente, tendría que haber sido superada. Queremos perpetuar algo que tenía fecha de caducidad e ignoramos esta fecha para inmovilizar lo que por esencia es dinamismo. Regresar es volver atrás. Etapas ya superadas en nuestro crecimiento psicológico o social, vuelven a representarse como si no hubieran sido despedidas de verdad de nuestra personas. Regresar a etapas evolutivamente superadas, es disminuir nuestra estatura humana y agitarnos compulsivamente en conductas que fueron propias de un momento y a las que el adiós biológico o psicológico debería haber dejado atrás.

La mujer, el hombre nos hemos ido haciendo sedentarios, pero existe una parcela o dimensión de nuestro ser que continúa siendo nómada. En unas personas predominará el sedentarismo, la instalación, la ausencia del adiós. En otras identificadas con el nomadismo, el adiós será una palabra cotidiana que llevamos en nuestro equipaje existencial. Podemos ser sedentarios en unas dimensiones de nuestro ser y actuar, y nómadas en una búsqueda personal y social que pasa por el cambio y el adiós.

Para no perder el tren de la vida, no solamente tenemos que ser espectadores que ven huir el paisaje por la ventanilla, sino dejar en la estación de partida la palabra adiós con verdad, respeto a la realidad, con afecto y esperanza en el futuro.

Decir adiós es difícil porque, frecuentemente, obtenemos "beneficios" al no decir adiós. Beneficios secundarios que son bienes parciales para una dimensión de nuestra persona, pero que insanamente dificultan nuestro crecimiento integral, total.

Instalarnos en la fantasía de un paraíso terrenal, es no hacer camino al andar, que exige en cada paso la palabra adiós. Es difícil porque al decir adiós muere algo nuestro, pequeño o grande: una idea, un sentimiento, una presencia.

El principio de placer nos lleva a agarrarnos a lo que nos satisface, e impediría el adiós; la persona se instalaría circularmente en aquello que le origina sensaciones placenteras. El principio de realidad nos lleva, querámoslo o no, a pasar por el adiós a aspectos placenteros y/o dolorosos en vías de un crecimiento y respuesta a los retos que la realidad nos vaya formulando.

En muchas personas existe una incapacidad de soltar el pasado, vivir el presente y abrirnos al futuro. El resentimiento suele ser un síntoma alarmante de que no hemos soltado el pasado. Liberarnos del resentimiento es decir adiós a un dolor y a una pequeña venganza que nos legitimaba como víctimas y que permitía la expresión de una agresividad. Vivir el presente es haber dicho adiós al pasado, es saber que hoy es el primer día del resto de nuestra vida. Es la capacidad de estar unificadamente como respuesta a aquello que nos estimula. **Eric Berne** solía preguntar a sus pacientes "¿dónde está tu mente mientras tu cuerpo esta aquí?" Nuestro cuerpo es la pedagogía del presente. Nuestra mente puede vagar en nostalgias pasadas en anticipaciones de futuro y evitar el contacto real con aquello que nos constituye en el aquí y el ahora. En este contacto y en su adecuado manejo se esta jugando nuestro futuro, se está realizando nuestra persona total. Abrirnos al futuro es, como decía, haber hecho un hueco dejando aspectos de nuestra vida caducos y, de una manera realista y coherente, fiel a la salud de nuestro guión vital, poder acoger situaciones nuevas integrándolas en nuestra biografía existencial.

El adiós produce inseguridad. Con cierta razón la sabiduría popular dice: "más vale lo malo conocido que lo bueno por conocer". Pero esa inseguridad pertenece a la esencial finitud y limitación del ser humano. Adiós a la seguridad es abrirnos a la vida. Acoger el riesgo de ser hombres y mujeres. Sabio es el que convive con su inseguridad sin darla excesivo poder para hacer tambalearse los pilares de su existencia. El adiós balbuceado o, claramente pronunciado, nos abre a la inseguridad compañera de viaje del ser humano.

Para poder decir adiós necesitamos ser más grandes que aquello o aquel a quien decimos adiós. Necesitamos amor para decirlo con amor a nosotros mismos, a la vida, y capacidad de sentido para que no se produzca un aterrador vacío existencial. Es verdad que siempre habrá "vacío" pero saberlo afrontar, como caminar por un desierto, es fuerza para crecer en la esperanza de encontrar oasis o agua que permitan a la persona sobrevivir y vivir.

El adiós produce una cierta dosis de soledad. Hay situaciones en la vida en que para pronunciar esta palabra necesitamos estar a solas con nosotros mismos, en contacto con nuestra verdad y asumir la responsabilidad de pronunciarla. Pero además de esa soledad, el adiós es más fácil cuando una red de relaciones humanas nos provee de recursos para caminar en compañía de los otros. La seguridad básica en nosotros mismos, polo opuesto al abandonismo o al desvalimiento, nos permitirá decir un adiós, en ocasiones doloroso pero siempre confiado.

Ejercicios prácticos para aprehender el adiós

1. Hazte consciente de tu postura corporal, de las tensiones que experimentas en este momento e invita a tu cuerpo a relajarse aflojándolo, soltándolo. Deja fluir tu respiración diafragmática, con el abdomen y pregunta a tu cuerpo cómo está. La consciencia respiratoria te permitirá escuchar el mensaje de alguna sensación física significativa que te dé noticia sobre cómo estás corporalmente en este momento. Cómo estás vivenciando en tu cuerpo el transcurso de este día.

   Deja fluir tu respiración y busca en tu memoria, serena, tranquilamente, recuerdos de dos o tres veces en tu vida en que has dicho ADIÓS serenamente, de una forma coherente e integradora. Deja que vengan esos recuerdos de situaciones en las que al decir adiós te has sentido profundamente en paz... obsérvalos.

2. Comienza *como* el primero preparando tu cuerpo en una actitud crepuscular para que los recuerdos, fanta-

sías, imágenes broten con más verdad del fondo de tu ser. Date cuenta de a qué realidad, a qué personas, experiencias, circunstancias de la vida necesitarías *ahora* decir ADIÓS para sentirte coherente contigo mismo, contigo misma. Dejando unos minutos para esta consciencia de tus adióses pendientes liberadores, observa si tienes alguno que, por los beneficios que obtienes de él, te cuesta decirlo. Respira recurriendo a tu propia energía y recursos personales para ser consciente de la fortaleza que necesitas y puedes encontrar en ti para decir estos adioses.

3. Después de la preparación corporal y anímica visualiza un adiós que te han dicho que te haya causado dolor, tal vez tu interpretación de ese adiós aumentó el dolor y sentiste toda una constelación de emociones incómodas, amenazantes, angustiantes. Date cuenta que eres más grande que ese adiós que se dijo a una parte de ti o a la imagen que tú dabas a una persona. Visualízate como mayor que ese adiós: tu vida entera no cabe en ese adiós, tu creatividad, capacidad de cambio, valores profundos, no pueden ser tocados por ese adiós si tu no le das permiso. Visualízate como capaz de seguir viviendo sin absolutizar ese adiós que te hizo daño, con recursos para caminar tal vez en soledad, pero en íntegra autenticidad contigo mismo, contigo misma.

4. Relájate. Adopta la postura adecuada. Deja fluir tu respiración y visualiza que tienes en el fondo de tu ser un auténtico ADIÓS, puedes decidir plantarlo a una realidad de tu vida de manera que quedes más liberado/a, más vivo/a. Hazlo así, pronúncialo despacio y visualízate haciéndolo con actitud de despedida y esperanza de un camino sin ese "obstáculo" al que has decidido decir adiós.

2

HOLA

No se trata de un saludo convencional o ritual sino de una apertura a la experiencia. Podemos estar cerrados o abiertos a la experiencia, permeables o no permeables. Si nos cerramos y nos ponemos tensos ante la experiencia nuestro contacto con ella será más conflictivo y doloroso. Hola es la capacidad de estrenar realidad. ¿Cuándo eres una persona anciana o vieja?: cuando ya no puedes estrenar la vida, cuando solo vives como mera rutina y repetición de circuitos adquiridos. Estrenar realidad supone tener un sitio existencial para ello: el hola implica adiós al inmovilismo a la rigidez, al tradicionalismo, al estancamiento. Adiós a la vocación de castillo herméticamente cerrado y defensivo.

Hola es la capacidad de acoger acontecimientos. Lo que acontece puede ser asumido o no por nosotros, pero es un dato de realidad. Si nos abrimos a ese acontecimiento podremos dialogar con la realidad y este dialogo se inicia con un hola, con un reconocimiento y saludo a esa realidad. Hola es la posibilidad de cambio para seguir siendo nosotros mismos de una manera distinta. La mujer, el hombre, si quieren ser fieles a sí mismos tienen que cambiar. No el cambio por el cambio, dictado por la moda o la compulsión o el consumo. La vida es intercambio con el medio y cambio por dentro que se refleja en las respuestas diversas que damos a los estímulos que inciden en nosotros.

Decir hola cuando nace de la espontaneidad, elección y verdad de uno mismo, supone no estar programado. Es cierto que, como diré más adelante, tenemos una vida tejida por sutiles o claras programaciones que comienzan con nuestro nacimiento, se entrelazan en la familia y la educación se encarga de dar un status social. La cultura tiende a programarnos, los poderes, del tipo que sean, lo hacen también pero tarea fundamental del hombre es desprogramarse. Para esta tarea es necesario poder decir hola a la novedad que puede tener en su rostro una antigua sabiduría, decir hola al asombro, decir hola a la libertad. Soy libre para saludar a la realidad con la que quiero y elijo entrar en contacto. La libertad de un hola no programado es la capacidad de interesarme por algo que, creado por mí o por otros, se cruza en mi camino.

Hola es la novedad en la historia. Hola es el presente vivido conscientemente con memoria y con deseo. Hola es la capacidad de sorprenderse en una apertura que nos enriquece relacionándonos, escuchándonos, vinculándonos a aspectos de la vida que pasarían anónimamente a nuestro lado si no les llamamos diciéndoles un hola. Hola es la creatividad en un proceso vital que fluye y que exige atención al presente abierto con la experiencia adquirida y susceptible de suministrarnos mensajes y aprendizajes que puedan mejorar la calidad humana de nuestra vida.

Hola es una palabra profunda, hermosa porque es reconocer que no puedo controlarlo todo. Hay muchas personas que tienden a llevar el control de todo, a través de la alta tecnología, de los medios de comunicación, de la manipulación de masas o simple y más cercanamente del poder ejercido sobre otras libertades no respetadas en nuestro entorno. Decir HOLA es decir "muchas de las cosas que me van a pasar en la vida no las puedo controlar" pero sí puedo controlar si yo les voy a decir hola o no se lo voy a decir. Depende de mí el cómo voy a afrontar la realidad. Yo no puedo controlar que alguien llame al timbre de mi puerta pero sí puedo hacerlo en el momento en que decido si abro o no abro, si observo por la mirilla o no miro, si al abrir sonrío o no sonrío pues todo eso es mío, me pertenece, soy yo. El que venga cualquier persona a mi casa no es mío, pero el cómo voy a reaccionar sí me incumbe. En un nivel mucho más profundo, en la dimensión de sentido de la vida, esto es lo que **Viktor Frankl**, superviviente de Auschwitz y psicoterapeuta, afirmaba cuando escribía constatando no poder controlar casi nada, pero sí el sentido de su muerte. Decía: "diré hola a la vida en todas las circunstancias, pase lo que pase". Esto, escrito en Auschwitz, tiene una enorme profundidad y fortaleza de espíritu.

HOLA es también una invitación al dialogo con la realidad, porque la realidad nos esta llamando por nuestro nombre: yo puedo negarme a la realidad e inventarme un mundo o abrir la realidad y decir hola. Con un hola comienza un episodio histórico, abrimos una página de nuestra vida a un reto, a un proyecto. Hola es la invitación a escuchar la realidad y por lo tanto un comienzo de transformación de la realidad: el umbral del futuro.

Decir hola es creer que algo, alguien puede acontecer en mi vida; saberme vivo y capaz de acoger.

Un barco anclado en un puerto no dirá hola a la mar, a otros playas u otros puertos. Decir hola es aventurarme en el complicado mundo de las relaciones humanas, de los valores, de las experiencias que van a dejar una huella en mi ser existencial.

Aprender a decir hola es saberse relacionado con un entorno más amplio que nuestro propio ombligo. Es ir constatando que no somos islas, que estamos, por muy individuales que seamos, rodeados de personas que interpelan nuestra palabra y la primera de esas palabras que establece un puente con el otro es un HOLA. Cuando estamos enfadados con alguien hay gentes que practican el negar el saludo. Al negar un hola estamos negando mucho más que un saludo, estamos negándonos la capacidad de conocernos y conocer al otro, de perdonarnos y perdonar al otro, de entender mejor una realidad que a su primer impacto se nos antojo hiriente e injusta. Hola, invitación a la convivencia, al pluralismo, a la relación profunda. Decir hola es reconocer que me queda camino por andar y en ese camino me voy a cruzar con personas, me voy a encontrar desorientado y tendré que preguntar a otros; alguien se acercará demandando algo; en todas estas circunstancias humanas la palabra hola inaugura una información, un contacto, un compartir, un encuentro, tal vez una vida. Decir hola es admitir que nos queda mucho por aprender.

Vivimos en un mundo de inseguridades y desconfianzas. Hola es lo que los antiguos llamaban captación de la benevolencia, es decir, poner un pórtico a una relación que se presupone pacífica, no agresiva y abrirnos a lo que el otro nos dice y comunica a la vez que, asertivamente, podemos transmitir al otro nuestro sentir y querer.

Hay personas que siempre tienen la palabra hola en el corazón como expresión de disponibilidad, de acogida. Si esa palabra va acompañada de un gesto de apertura, de escucha hará que el puente tendido hacia el otro sea amablemente transitable. Escuchar un hola puede, en ocasiones, despertar nuestras defensas y desatar nuestros miedos pero si no nos encerramos en ellas o nos bloqueamos por los miedos, la palabra hola es una mano tendida: un contacto humano.

Ejercicios para internalizar hola

1. Mantén tu cuerpo relajado, tu mente lúcida, despierta. Deja fluir tu respiración y vete soltando, aflojando músculos que permitan una visualización más honda en torno a tu relación con la palabra hola.

   Deja que vengan a tu memoria uno o dos **HOLAS** que has dicho en tu vida con paz, con gozo, con creatividad; fíjate bien en cómo acontecieron, en cómo te abriste a la experiencia al decir esos **HOLAS**. Deja que te vengan ahora suavemente dos o tres holas que has dicho en este año en época más reciente aunque hayan sido a realidades pequeñas, acontecimientos insignificantes, experiencias mínimas. Date cuenta qué dos o tres holas has dicho con tu ser, con tu corazón, cabeza, espíritu, vida, gracias; a todo lo está llegando, viniendo a la vida, "HOLA", abriéndote a la totalidad

2. Prepara tu cuerpo para el ejercicio que sigue de manera que encuentres una paz y armonía psicosomática. Haz tuyas esas conocidas palabras de **Dag Hammarskjold**: "por todo lo pasado en mi experiencia gracias y a todo lo que acontece hola dicho a la vida con confianza y con paz".

3. Respira y al espirar invita a tu cuerpo a aflojarse, soltarse, relajarse. Date cuenta, con lucidez, a quién o a qué evitas decir HOLA en tu vida. Observa dentro de ti y fuera de ti qué realidades con rostro de personas o experiencias estas ignorando. Date cuenta de qué pasaría si en lugar de evitar dijeras hola a algunas de esas realidades; puede abrirte una perspectiva nueva en tu vida. Si tu corazón te lo sugiere después de contemplar suavemente tus sentimientos, pensamientos, intuiciones, pronuncia despacio ese hola a esa realidad, persona, acontecimiento.

3
NO

La palabra NO es de las palabras más difíciles para algunas personas y en cuyo aprendizaje pueden emplearse largos años. NO es negación, frontera, ruptura, rechazo. El no es libertad, definición de límites. La palabra no nos protege de determinismos, fatalismos. En esa palabra balbuceamos nuestra independencia y autonomía, protegemos nuestra limitada mismidad.

Ésta es una de las primeras palabra que aprendemos en la vida y de las que más tardamos en integrar, con paz, en nuestro vocabulario existencial. Los niños saben decir "no" antes de saber hablar, antes de decir papá y mamá dicen "no".

El no es palabra difícil. Al preparar estas notas sobre treinta palabras para la madurez entré en una librería, no muy pródiga en el área psicológica, y encontré cuatro libros norteamericanos de divulgación sobre el arte de decir no. Se trataba de libros sobre asertividad, modificación de conducta, dimensiones cognitivo conductuales, constructivismo. Su titulo, el de alguno de ellos, era muy sugestivo: "Aprenda a decir NO sin sentirse culpable", "Sí, puedo decir no". Esto significa la preocupación de nuestra sociedad y las dificultados psicológicas personales que encontramos en decir no.

Estas dificultades se aumentan considerablemente cuando carecemos de la autoestima necesaria y suficiente. Si no nos queremos a nosotros mismos el no dicho a una persona significativa nos cerrará las puertas de su estimación y aprecio. Esta amenaza, desorbitada, enorme, puede impedirnos, de hecho, decir no en los momentos en que nuestros derechos y realidades nos lo están gritando interiormente.

La conexión autoestima-asertividad[4] conduce al aprendizaje del no como expresión de nosotros mismos con una tranquila firmeza, sin agresividades ni violencias. Crecer en autoestima facilita decir no sabiendo que, aunque necesitamos el aprecio de los demás, podemos sobrevivir con el nuestro, con nuestro propio afecto.

El NO cuando brota de la verdad nos hace responsablemente libres. Cada sí alberga en su libertad la posibilidad de un no.

Estas palabras no son radicales y absolutas, el NO puede ser, provisional mientras subsistan las circunstancias que nos lo sugieren e indican.

El entorno, la familia, la escuela, la cultura, nos educan para el sí. Nos premian y castigan, y poco a poco aprendemos a sentirnos culpables por el NO. Al frustrar con un no las expectativas de los otros nos culpabilizamos. Independientemente de que los otros "nos castiguen" con su desaprobación o desamor, nos autocastigamos sintiéndonos culpables, es decir, retroflexionando agresividad contra nosotros mismos. Aprender a decir no sin sentirse culpable es un camino de maduración personal que hemos de recorrer por fidelidad a nuestros límites, deseos auténticos, necesidades importantes, etc.

El no abre las puertas a una soledad que resulta a veces muy amenazante, sobre todo cuando esa soledad no está habitada por una consciencia tranquila o una psicología sana.

El no es una herramienta para moldear mi libertad pero puede ser también la llave que nos cierra a nosotros mismos.

---

4. Para ampliar esta palabra cf. **Castanyer, O** (1997): *La asertividad: expresión de una sana autoestima*. Desclée De Brouwer. Bilbao.

NO

Si es verdad que tenemos dificultad en decir no, no lo es menos que muchas personas tienen la palabra no en sus labios diciéndola impulsivamente como respuesta a las demandas del entorno. Ese no defensivo, tacaño, avaro de su propia parcela de libertad o pertenencia es un no muro que nos separa de los demás. Ese no nos aísla progresivamente encerrándonos en las estrechas fronteras de nuestro yo. Hincha ese yo e invade el espacio de los demás: el justo espacio que debemos a los demás.

Para decir NO tenemos, en ocasiones, que recurrir a la "violencia agresiva". Es una consecuencia de la presión ejercida sobre nosotros por el entorno, por el poder de otros, sobre mi y de no haber escuchado los noes que tímidamente hemos ido poniendo como límites a la invasión del otro. Al no ser escuchados tenemos que levantar la voz con un no que hiere más por el tono que por el contenido negado. Tenemos que aprender a decir no asertivamente, sin violencia, con firmeza amable que sea capaz de conciliar el no a la demanda concreta con el sí a la persona interlocutora.

En la palabra **no** me reconozco limitado y esta palabra es expresión de la verdad de mi situación personal. No es fácil decirlo con amor y respeto a la realidad de uno mismo y de los otros y afrontar, con paz, el riesgo que corremos al decirlo de no ser comprendidos, queridos, admirados. No debo pretender que el otro asuma mi no sino asumirlo yo y que el otro sepa que ese que dice no es un hombre, una mujer, libre, situado, histórico, tal vez equivocado, pero capaz de amar, flexible para cambiar, sabio para dudar. El crecimiento personal nos exige muchas veces decir no a todo lo que suponga querer ser otro, tendencia necrófilas, sacrificios humanos, injusticias...

Llevar la contraria no es la actitud correcta del no. Sí consiste en cambio en afirmar lo contrario y hacerlo con apertura y escucha previa, deliberación y juicio correcto. Ceder a chantajes y ofrecer un sí por un no es dar moneda falsa. El amor a nosotros mismos y a los demás nos llevará, frecuentemente a elegir la palabra NO como la más coherente que nos ayuda a decirnos o que ayuda al otro a encontrar el camino de su sana libertad. Tal vez no se nos comprenda, pero sí debemos hacerlo de manera que se nos escuche con toda la verdad de la motivaciones que apoyan sanamente nuestro **no** si consideramos adecuado expresarla.

Ejercicios: no

1. Sé consciente de tu postura corporal. Modifícala para hacer más relajada la visualización que te permita explorar tu relación con el no. Date cuenta ahora, en contacto contigo mismo/a de cómo manejas la palabra NO: ¿te resulta fácil, difícil, frecuente, rara? Observa los momentos más significativos en los que has elegido decir no, ¿cómo te has sentido ante ti mismo y ante los otros? Escucha el sabor que te suele dejar la palabra no en los labios y en el sentimiento.

2. Después de la preparación corporal date cuenta de cómo sueles escuchar en otros la palabra NO cuando interfiere tus intereses tus caprichos, tus expectativas, tus deseos: ¿la respeta, la acoges, la borras, la castigas,? ¿cómo te relacionas con la palabra NO dicha a ti por otra persona?

3. Imagínate que has cultivado la posibilidad de decir no de manera liberadora, asertiva, sana, auténtica. ¿A qué realidad, experiencia, persona eliges decir ahora en tu vida NO para mejorar la calidad de tu existencia humana? Cuando hayas intuido el no liberador que supondría ahora para ti un caminar más ligero de equipaje, pronúncialo despacio visualizando esa realidad, persona o experiencia y afirmándolo con todo tu ser unificado: elijo deliberadamente decirte no.

4

SÍ

El sí es unitivo, vinculante con tareas, cosas, personas. Es la aceptación comprometida expresiva de una posibilidad: decir sí. Es reconocer, responsablemente, nuestra conformidad, nuestra aceptación. El sí, fruto de la libertad, afirma, identifica, se abre a lo que consideramos la verdad, concede, es decir, da permiso para que algo sea.

Evidentemente el sí, para que sea auténtico, para que sea válido tiene que ser fruto de la libertad de la persona que es y se siente libre para afirmar lo que afirma.

El sí, a veces, es de mala calidad:

- Por debilidad: acarrea poca persona.

- Por miedo: no nace de mi libertad.

- Por dependencia: es un sí prestado, de otra persona que yo introyecto, no internalizo, no hago mío de verdad.

- Por acomodación: no afirma nada más que mi necesidad de acomodarme a los gustos o al poder del otro. A su cultura o a su voluntad.

- Por pertenencia: no es en realidad mío, sino del grupo al cual quiero pertenecer y que me abre su puerta por medio de este sí.
- Por disfraz: en realidad era un no disfrazado de sí. Esto supone engaño, falsedad, debilidad.
- Por falta de amor: no transmite amor ni a mí, ni al otro. Es un sí banal, frivolizado, acomodaticio.
- Por falta de justicia: se trata de un sí injusto.
- Por voluntarismo: el sí es un golpe de estado psicológico, una dictadura de la voluntad que no tiene en cuenta otras dimensiones de la persona, no las respeta y considera.
- Por esterilidad: un sí que no crea nada. Es decir una palabra vacía en la que no cree nadie.
- Por halago: no digo nada de mí, al afirmar este sí solamente expreso lo que tú esperas oír.

El sí puede tener mayor o menor densidad y consistencia dependiendo de la realidad a la cual se lo decimos. No es lo mismo un distraído sí a una sugerencia que implica unas horas de entretenimiento, que un sí a un proyecto vital compartido. Aprendemos muy rápidamente a decir sí con el cuerpo, con la cabeza, con la palabra, pero la capacidad de pronunciar responsablemente sí, sólo se adquiere con un proceso de maduración progresiva en el que me doy cuenta de lo que de verdad quiero y de qué es lo que me propone ante mi libertad.

Decir sí supone comprometerse; mantener el sí en contra de nuestros propios intereses y necesidades puede ser difícil, en ocasiones heroico. El sí dicho con todo el ser abre al otro nuestra verdad y nuestro amor a la realidad afirmada.

El sí, frecuentemente es fruto de una división intrapersonal o de un intento de conciliación interpersonal. Cuántas veces hemos constatado nuestra oscuridad al decidir si queremos algo o no lo queremos. Una parte mía dice sí y otra dice no: por ejemplo, mi razón dice no, mi sentimiento dice sí; mi voluntad dice sí, mi cuerpo dice no... Estas guerras civiles entre el sí y el no las experimentamos todos en cosas serias o en realidades más sencillas. Cuando el sí revela esa división intrapersonal, ¿qué hacemos con él? ¿con qué criterio debemos fiarnos de la verdad de nuestro sí?

1. Orientaciones en caso de división interna

1. Escuchar la división, sus diferencias, es decir, darme cuenta de que estoy dividido. Hay gente que se escucha muy mal, que tiene mal contacto consigo misma y no se da cuenta que su corazón dice no a lo que sus razones dicen sí; sabe que se siente mal pero no sabe porqué. Es el sabor de una división interna, de la duda, de la incertidumbre. El sí tiene sus raíces y el no también; el sí tiene sus fuentes de información y el no las suyas: ideas subyacentes, introyectos, educación, emociones subterráneas... Todo esto colorea el sí o el no.

2. Lo primero es de sentido común pero lo que vamos a afirmar a continuación es un poco más sutil psicológicamente hablando. "Preguntarme qué dirían en esta situación personas significativas dotadas por mí de autoridad". Somos una historia psíquica y una historia que arranca de nuestros padres, querámoslo o no. Por muy buenas personas y respetuosos que hayan sido nuestros padres con nuestra libertad, hemos vivido años dependiendo de ellos, captando ideas, actitudes suyas, por mimetismo y por supervivencia. Pues ¿qué dirían en esta situación personas (padre, madre, abuelo/a, una tía a la que yo quería muchísimo, un educador que me dejo una huella muy grande, un cura, un orientador espiritual...) que para mí eran tan importantes? ¿qué dirían en esta situación esas personas tan significativas, y por lo tanto dotadas de autoridad, o a las que, al menos subjetivamente, yo doto de autoridad?

¿Por qué escribo esto? Porque muchas veces el hombre tiene miedo a la libertad, como explicaba ampliamente **Erich Fromm**. No puede vivir sin la aprobación de personas poderosas, aun viendo lúcidamente que no debería hacerlo (el culto a la Diosa razón que estructuraba la modernidad y que ha sido sustituido en la postmodernidad por el culto al sentimiento). Vemos claro que "éste sería mi camino pero no me atrevo a enfrentarme, en mi mundo simbólico, con las personas que dirían lo contrario: tengo miedo a elegir y quedarme solo; apoyado en mis propios argumentos, en mis propios pies." Esta conducta aprendida se repite frecuentemente en nosotros sobre todo en aspectos más serios de la vida. No nos atrevemos a enfrentarnos con la soledad de un sí. Un sí serio es un sí muy solo. Es más, el sí auténtico ante una realidad comprometida y comprometedora exige una dosis de soledad habitada y madura de la que muchas personas carecen. Por eso preferimos un sí prestado por otra persona en una clara conducta de dependencia familiar, grupal, jerárquica. A veces, el sí puede ser contracultural: decirlo acarrea marginación y aislamiento.

3. Preguntarme si mi respuesta busca la verdad que me hace libre o la aprobación dependiente de esas personas sin las cuales se me hace difícil vivir por miedo a la libertad.

4. En coherencia con mi historia, acercarme a encrucijadas semejantes a la actual y recordar qué me produjo más gozo auténtico y verdadero, más paz. La experiencia maestra de la sabiduría puede enseñarme a decir el sí más coherente y auténtico.

5. Darme cuenta qué es lo más profundo, unificador, expresivo de mi mismo en esta situación. El sí que me unifica, que recoge la energía fundamental de mi ser, puede ser el que acertadamente pronuncie como persona llamada a identificarse unificadamente.

6. Asegurarme, en estos casos de división intrapersonal que diga lo que diga me seguiré queriendo, teniendo paciencia y misericordia conmigo mismo. El sí puede ser erróneo pero esto no resta nada al amor que me debo y al respeto a mi pequeñez.

7. Alzar los ojos más allá de mi yo. Es verdad que el sí va a brotar de mi persona pero debo escuchar la realidad, saber ver lo obvio, escuchar al otro o a los otros y, finalmente, comprender el auténtico bien común. Lo que es bueno para todo el hombre y para todos los hombres.

8. Arriesgarme a decir el sí sin pedir más seguridad a los datos o realidades de la que me pueden ofrecer.

El sí es difícil porque exige una buena percepción, una adecuada comprensión y una capacidad de compromiso. Esto presupone una mínima seguridad básica en uno mismo que nos permita afrontar todos los resquicios de la inseguridad que aparece cuando vamos a dar nuestra palabra. El sí es difícil porque nos responsabiliza. Frecuentemente será bueno desdramatizar, relativizar, no darle excesiva solemnidad sino la verdad y consistencia que pide la realidad interior y social. El sí muchas veces es el fruto maduro de lo permitido: Hágase en mí, doy permiso para que eso acontezca. Es importante saberse perdonar en caso de equivocación y saber pedir perdón.

Aprender a decir sí es cultivar la posibilidad, desde el gozo, desde la mirada realmente esperanzada en la bondad de lo humano.

Situarlo en su perspectiva histórica del fluir cambiante de la vida significa que nuestros síes definitivos lo serán todo el tiempo en que podamos alimentarlos, regarlos, cuidarlos. El sí abre una página de nuestra pequeña historia lo importante es mantener ese sí vigente cuidando todo aquello que le permite seguir vivo e impidiendo aquello que le amenace o debilite.

Nuestro sí es autoafirmación, apertura a la libertad del otro. Para que sea auténtico tenemos que amarlo: decirlo con verdad, sin violencia opresora, sin autoafirmación orgullosa. Esto supone saber convivir con el "no vecino y cercano en un pluralismo respetuoso".

Afirmar el sí y expresarlo con ternura es compatible con la fortaleza del sí maduro de un adulto. Ternura y fortaleza, cuando la situación así lo requiere, son armonizables en un sí que afirma y abre posibilidades de vida a uno mismo y al otro.

Ejercicios: sí

1. Lleva la atención a tu cuerpo; que tu postura te facilite la visualización. Deja fluir tu respiración aflojando las tensiones musculares que experimentes en este momento. Recuerda algunos síes que hayas dicho en los últimos días, la última semana, aunque sean pequeños. Date cuenta de **cómo los has dicho**, desde dónde los has afirmado; observa si han acarreado libertad a tu persona, decisiones auténticas, amor... ¿Cómo sueles decir sí?

   Recuerda ahora de una manera más profunda, más vital dos o tres síes que hayas pronunciado en tu vida y de los que te sientes ahora satisfecha/o. Date cuenta cómo unificaron, cómo se pronunciaron existencialmente en tu vida, de dónde salieron: de la razón, del corazón, de todo tu ser... Dos o tres síes en tu historia que, al recordarlos, te producen sensación de paz y de vida.

2. Después de la preparación corporal capta intuitivamente dos o tres síes que desearías o necesitarías decir en tu vida para sentirte mejor contigo mismo/a. Síes que acarrearían unificación, libertad, paz, verdad. Que te permitirían sentirte más coherente. ¿Cuáles son? ¿En qué situaciones están latiendo esos síes? Si intuyes que diciendo alguno de esos síes te ibas a sentir mejor date cuenta de qué resistencias tienes para decirlos, cómo

SÍ

frenas ese sí que te acarrearía paz, o libertad, o verdad, o bienestar. ¿Cómo lo dificultas y lo alejas de tu conducta actual?

3. Recuerda algún sí significativo ... QUE HAYAS RECIBIDO HACE POCO Y TE HAYA LLENADO DE SATISFACCIÓN ... y saca de él energía para afrontar los retos actuales que están acosando tu corazón y tus labios, tu persona y tu vida.

5

YO

Se trata de una palabra difícil, básica, porque aunque no es cronológicamente de las primeras palabras (papá, mamá, no, sí) lo afirmamos con el cuerpo y con nuestra presencia. ¿Por qué el niño no comienza diciendo yo?, porque todo lo que existe es su yo. No hace falta afirmarlo; no hay diferenciación en su ser y su universo: todo existe en yo y no hace falta verbalizarlo. El niño/a es el centro de su universo (la época del egocentrismo) y solamente existe lo que existe en mi yo. Al principio lo existente equivaldrá a lo presente, lo que puedo explorar con la boca, más adelante ver con los ojos. Después lo existente tendrá también el juego de presencia/ausencia. El yo centro de su universo empezará poco a poco a distinguirse del resto: yo soy yo, el entorno es mi universo.

La palabra yo simboliza mi identidad, reconoce mi mismidad, expresa corporalmente mi presencia.

Ese gran yo del comienzo poco a poco va encontrando sus límites: mi cuerpo, mi mente, mi acción, mi percepción, y, difícilmente va emergiendo ante un tú. Es verdad que el yo no se conformará fácilmente con esa limitación que le impone el principio de realidad. Se recompensará con un pensamiento animista, mágico (como estudió profundamente el psicólogo de Ginebra **Piaget**). Incómodo, indeciso, cambiante, inseguro el yo nos sirve para explorar la realidad, responsabilizarnos de ella, hacernos conscientes del mí mismo.

Podemos distinguir el yo del mí mismo. Al yo lo captamos siempre en acción, en experiencia, creando algo: yo estoy pensando, estoy viendo, estoy escuchando. El camino del yo al mí mismo como consciencia de lo que soy profundamente es difícil y complicado. Típicamente humano el yo y el mí mismo con la consciencia que acarrean se desdoblan en observador y observado. Siempre en acción que nos va cambiando la percepción de nuestro propio yo.

La palabra yo es difícil porque psicológicamente es necesaria y espiritualmente complicada. Con otros autores psico-espirituales afirmo: "dividimos la vida en dos mitades, la primera mitad es para aprender a decir yo y la segunda mitad es para olvidarse del yo."

El yo, como decía, símbolo de mi identidad, es dinámico y cambiante. El cuerpo, el gran pedagogo del yo va reconociéndose y asumiéndose con sus posibilidades y sus límites. El yo no es una palabra que podemos pronunciar individualmente, por libre, sino que necesitamos un tú. Como afirma **Martin Buber** en ese libro maravilloso que se llama *El yo y tú*, el yo es un yo-tú, no es un yo independiente del otro, sino que es un yo con el otro.

Sería interesante recordar las experiencias de niños salvajes que han sobrevivido en el bosque y, cuando han sido encontrados, ha supuesto un esfuerzo pedagógico enorme enseñarles a ser yo ante un tú.

El yo inseguro, que entra en crisis en la pubertad, en la adolescencia, es un reto al crecimiento y a la madurez. El terremoto biológico, psicológico y social que le confunde e impide saberse, necesita un grupo de referencia para preguntárselo y responder aproximadamente. El yo adolescente necesita identificarse con alguien afectivamente para decir: yo soy... La respuesta hará referencia al grupo, a la pandilla. Para saber "¿quién soy yo?" necesita preguntarse "¿a quién pertenezco yo?", "¿qué grupo me reconoce como existente y vinculado a él?"

Este yo indeciso y cambiante nos permite, para explorar la realidad, responsabilizarnos de ella. No es tarea fácil porque "yo" tiene muchas dimensiones. James, el primero que estudió el autoconcepto de una manera sistemática (San Agustín lo había estudiado muy profundamente muchos siglos antes que James), distingue varios yoes: el YO CORPORAL: yo soy mi cuerpo; el YO MATERIAL: yo soy mis cosas, mi estilo, mi casa, mi coche, mis pertenencias; el YO SOCIAL: yo soy el eco que mi imagen deja en otras personas, que rebota en ellas y se me devuelve en forma de feed-back o de juicio evaluativo. Por último dice James el YO ESPIRITUAL se compone de mi mundo interior lo más mío y el mí mismo, lo más valioso: pensamientos, sentimientos profundos, hondas vivencias... Jerarquizar estos yoes no es fácil. Vivimos en un mundo culturalmente volcado sobre el yo corporal en un culto al cuerpo joven, bello y sano. La sociedad de consumo manipula nuestro yo material y trata de identificarnos con él. Los asesores de imagen se especializan en el yo social que tanta importancia tiene sobre nuestro bienestar y seguridad personal. Tal vez, como dice James, el yo espiritual, el más valioso que configura nuestra calidad humana y nuestra madurez progresiva es muchas veces olvidado. Viktor Frankl detectaba y evaluaba con escalas un tipo nuevo de neurosis que él llamaba *noógenas*, es decir, neurosis generadas por el raquitismo espiritual. Frankl pasó muchos años estudiando, midiendo y tratando de curar estas neurosis de crecimiento estancado de nuestro yo espiritual.

El yo es la consciencia de nosotros mismos; por eso todas las psicoterapias de fondo psicoanalítico consisten en rescatar dinámicamente del inconsciente aquello que puede fortalecer el yo. Las instancias de la persona: YO, super-yo y ello, han de ser armonizadas en beneficio del yo. En el principio era el ello pero la persona madura es la que puede decir yo y responsabilizarse de su vida desde una adecuada percepción de la realidad. Otras psicoterapias, como la gestáltica, son terapias del yo, no del ello o del inconsciente. Los psicoanalistas enfocan la atención en el inconsciente, mientras que en las psicoterapias humanistas se hace en el consciente, para fortalecer el yo y darle toda la autonomía, libertad y responsabilidad que potencialmente tiene y que una psicoterapia ayuda a fortalecer.

Yo soy consciente de mí mismo, es decir, yo soy la consciencia del self. Yo es la manera de decir: "me doy cuenta, soy consciente de lo que acontece en mí mismo"; yo no me puedo enterar de mí mismo desnudamente. Siempre, como decía más arriba, me veo a mí mismo haciendo algo, realizando algo. Frases como éstas: "yo me avergüenzo de mí mismo, siento vergüenza de mí mismo" se podrían traducir más complicadamente por: "yo me avergüenzo de yo". Hablamos, coloquialmente, de esta manera para distinguir el yo-consciencia del yo observado.

El cultivo sano del yo es necesario para devenir personas maduras pero, al mismo tiempo, es peligroso y arriesgado porque el yo puede equivocarnos con respecto a nosotros mismos, al mí mismo. Puede agrandarse desmesuradamente como un globo que se hincha y entonces el mundo, otra vez como los niños, es un inmenso yo. Puede empequeñecerse y generar una imagen de mí mismo en el que me veo indigno, culpable de ser yo, casi pidiendo permiso para poder andar por la calle como un pequeño gusano.

El yo puede hacerse nostálgico compulsivamente de su época egocéntrica y querer regresar, instalarse en el reino infantil del mí mismo. Si ocurre esto, entramos en conflicto con las personas adultas y maduras que nos rodean. El egocentrismo es poder y, dolorosamente, muchas personas no se resignan a tener su propio poder y respetar el de los demás.

Resulta iluminador recordar las palabras de **Freud**: "En el proceso de maduración el yo averigua que es indispensable renunciar a la satisfacción inmediata. Diferir la consecución del placer, soportar determinados dolores y renunciar, en general, a ciertas fuentes de placer. El paso del principio de placer al principio de la realidad constituye uno de los programas más importantes del desarrollo del yo".

El yo puede equivocarnos también cuando lo confundimos con lo mío: yo tengo, yo poseo... terminamos diciendo yo soy. Salto no lógico que me convierte, en la historia, en un simple propietario de cosas que no aportan al yo nada consistente a nivel psicológico y espiritual. Se trata de un yo muy débil que se sube en un pedestal poseído para hincharse y aparecer ante los otros como admirable. Convierte a los demás de interlocutores en admiradores. Ya no le interesa el otro sino: ¿quién cree el otro que soy yo?, ¿quién se piensa éste que soy yo? El yo, manejado de esta manera errónea, nos cosifica. Nos hace pasar del ser al tener y acabamos siendo un yo-ello como explica tan profundamente **Martin Buber**.

A veces confundimos el yo con el rol que tenemos o los diversos roles que contemporáneamente desempeñamos. El rol es social y relacional, complementario y normativizado en un consensus grupal explícito o implícito. Desempeñamos roles naturales: hijo/a, padre, madre; profesionales; informales: cohesionador, agresor, conciliador, rebelde, etc. Confundir el yo con el rol o los roles supone empequeñecernos. Terminamos siendo la función que desempeñamos y solamente esto. Nos olvidamos de que el yo personal es más grande que los roles que nos hacen un sitio en la complicada red de las relaciones sociales. Yo me expreso a través de este rol pero soy más grande que el rol que me delimita y define socialmente. En realidad soy más grande que mí mismo, es decir, mi vida es más grande que yo. Habito en mi vida pero mi vida me sobrepasa: no la puedo encerrar en un yo; mi vida es más grande que yo es también afirmar yo soy más grande que mi vida. Es decir yo puedo seguir creciendo vitalmente más allá del ego, más allá del yo.

El yo inseguro tiende, frecuentemente, o a depender de otros sin saber nunca quién es de verdad o a oprimir a otros para tener una huella dolorosa de nuestra propia identidad. El yo afirmado es, como decimos, un yo-tú: respeta al otro, se dice ante el otro y con el otro y al mismo tiempo se reconoce en la soledad y mismidad insustituible e irrepetible.

Es sano amar al yo pero el amor es más grande que el yo. Tal vez es lo único que libera al yo de su propia esclavitud. Esta verdad no puede hacernos olvidar que para comprometernos en el amor tenemos, previamente, que consolidar el yo sabernos en nuestros límites y posibilidades, en nuestra capacidad de fidelidad a lo real y de cauce amoroso vinculado y vinculante.

Frecuentemente, educaciones más tradicionales y rigurosas pretendían hacer de la muerte del yo una pedagogía pseudoespiritual. Al yo no hay que matarle, sencillamente hay que cuidarlo para que madure y nos permita autotrascendernos. La tarea de encontrar nuestro yo profundo, nuestra verdad más honda va más allá de las afirmaciones sociales de nuestro yo y tiene en la introspección, la meditación, el amor, sus herramientas más importantes.

Como en la antigua sabiduría oriental (y de todos los tiempos): El discípulo: *Vengo a ofrecerte mis servicios*. El maestro: *Si renuncias a tu "yo" el servicio brotará espontáneamente*. He aquí el viejo problema de madurar en el amor y trascender el ego.

El paso del egocentrismo al heterocentrismo es el cauce de un largo proceso de maduración personal y social. Descubrir al otro me permite saber quién soy yo, me enseña a respetar al otro. Este respeto consistirá, en un primer momento relacional, en no invadir ni manipular al otro.

La conocida "oración" del fundador de la terapia gestáltica **F. Perls**: "Yo soy yo, tú eres tú. No estoy en la vida para responder a tus expectativas y tú no estás en la vida para responder a las mías. Si por casualidad nos encontramos, será hermoso."

Si no, cada uno podrá seguir en paz su propio camino", es una expresión afirmativa del yo que, aunque **Perls** considera fundamental y, en cierto modo, lo es, hay que entenderla bien y matizarla como yo lo he hecho en una libre transcripción del texto original. Comprenderla adecuadamente no consagra un egoísmo absoluto. Se trata sencillamente de una afirmación de la propia identidad, del propio yo ante el otro, en la cual la libertad contextualiza la elección de responder o no a sus expectativas de una manera realista dinamizada por una autonomía relacional, el respeto y, en definitiva, por el sano amor hacia sí mismo y hacia el otro.

Reconocer que el otro, en el campo de las relaciones humanas no definidas por una estricta justicia, no está en la vida para responder a nuestra necesidades y deseos, es respetar su libertad, no invadirle, saberlo diferente a mí y a la vez con la posibilidad a una relación honda conmigo.

A veces, de una manera metafórica, para entender el yo profundo suelo explicar, de cara al mar, la pregunta que podíamos hacer a una ola: "¿quién eres tú?" Si fuera "psicológicamente sana" y nos pudiera responder, nos diría: "soy una ola". Nosotros reafirmamos esta respuesta al admirar: "mira qué ola tan grande", al distinguirla de otra ola más pequeña, con menos espuma o resaca. Pero si le preguntamos a una ola consciente de toda su realidad: "¿quién eres?", podría respondernos "yo soy el mar". También ha dicho su verdad más profunda. Las otras olas también son el mar, pero han vivido su existencia con un yo pequeño de ola, un yo fenoménico, sin darse cuenta de que su yo profundo era el mar. Es verdad que a la pregunta sobre mi identidad puedo responder "yo soy este cuerpo, esta mente, una mujer o un hombre de esta edad que tiene o desempeña estos roles..." pero el **YO-MAR** que soy es más profundo que todas esas realidades experienciales. El sabio es el que vive como una ola sabiendo que es el mar. Sabe que es una ola, un momento temporal del mar pero es consciente de que su vocación es infinitamente más grande. Para realizarla, necesita saber que su vocación es ser mar aunque sea una ola fotografiable.

Ejercicios: yo

1. Prepara tu cuerpo en esa relajación crepuscular que te permita una visualización fluida, sosegada, profunda. Imagínate que vas por un camino, por un sendero del bosque hacia la montaña y vas en búsqueda de tu propia identidad. Caminas buscando la sabiduría de conocerte mejor a ti mismo/a. Imagínate caminando, visualiza el paisaje, a lo lejos aparece una cabaña donde vive una persona sabia, un hombre o una mujer que te va a ayudar a conocerte. Imagina cómo te diriges a ese maestro o maestra interior que va a permitirte saberte y decirte con más verdad. Imagina que tu maestro/a interior te invita a pasar, te sientas a su lado y le haces sola-

mente esta pregunta: ¿quién, de verdad, soy yo? Le prestas tus palabras para que pueda contestarte iluminando quién eres tú de verdad; cuando te distraigas o divagues, vuelve a preguntar interesado por la respuesta: ¿quién, de verdad, soy yo...? Date cuenta de la respuesta de tu maestro, de tu maestra interior, ¿qué hay de esencial e importante en mi propio yo? Es como si le preguntases: cuando diariamente hago esto o aquello, ¿qué expresa mi yo de una manera más profunda?, cuando trabajo en esto, afirmo aquello... ¿es de verdad lo más auténtico de mi yo, lo más verdadero que hay en mí? Date cuenta de cómo te va llevando hacia lo más esencial dentro de ti mismo/a hacia tu propio yo más profundo. Pregúntale: ¿qué hay de profundo en mi propio yo, en mi propio ser? Trata de darte cuenta de qué ha sido lo esencial del mensaje de esa persona que te orienta por dentro. Si te ha ayudado a descubrir algo, a valorar algo dentro de ti significa que te ha puesto en camino hacia un lugar de ser más profundo. Despídete de ese maestro interior y sal de nuevo al sendero, camino del pueblo, andando hacia tu realidad cotidiana.

2. Después de la preparación corporal deja fluir en ti imágenes que te revelen cuándo has podido ser de una manera más sana y auténtica tú mismo/a. Date cuenta de cuándo y en qué circunstancias has podido, con paz, afirmar yo soy... Observa si esa afirmación te ha dejado reconciliado/a contigo mismo/a. Hazte consciente de qué necesitas, por dentro o por fuera, para poder afirmar tu yo, expresar tu verdad, sin miedos y limitaciones.

3. Respira hondo, deja fluir tu respiración aprovechando la espiración para aflojar, soltar, aflojar tu cuerpo. Date cuenta de cómo te sientes con tu propio yo: ¿te aceptas? ¿te integras? ¿tienes buena relación con tu "mí mismo"? Observa si los roles que desempeñas o las relaciones que estableces en tu vida recortan tu yo invadiéndolo o

manipulándolo. Afirma serenamente "yo soy yo". Yo soy yo ante ti, contigo, sin ti. Repite estas palabras observando si encuentras titubeos al pronunciarlas interiormente. Observa si al afirmarlas sientes una atmósfera de liberación, de verdad pacíficamente poseída, de autoexpresión serena y gozosa.

6

TÚ

Martin Buber, el autor más citado por los psicólogos humanistas, caso insólito tratándose de un filósofo alemán que era también teólogo, resalta en su libro *"El yo y el tú"*, como ya mencioné en el capítulo anterior, que las palabras básicas de la existencia son pares de palabras. Las vida se puede vivir como un yo-ello o como un yo-tú. El hombre, la mujer, desarrolla su yo ante las cosas y ante las personas. Ante las cosas las relaciones son mensurables, cuantificables, de dominación, de transformación, de manipulación: estamos en el reino del tener. Ante las personas el hombre o la mujer es relación, encuentro, trascendencia: vivimos el reino del ser.

El hombre y la mujer somos seres relacionales: no existe un yo independientemente del tú, como señalaba anteriormente, que le posibilita, constituye, llama, funda y trasciende. La relación con el otro es la que le otorga la palabra. El problema no es sólo: ¿quién soy yo?, sino: ¿ante quién soy yo? Si me pregunto por mi identidad es porque el otro me urge, me invita, me obliga o me posibilita el hecho de identificarme.

1. "Evolutivamente"

Al principio el mundo es la confluencia con mi cuerpo. El mundo es ese inmenso yo, universo egocéntrico. El TÚ acontece como protección o como amenaza: ausencia, abandono, etc. Cuando el yo no puede sustentarnos, autoabastecernos el tú bueno, placentero, útil, manipulable, aparece en nuestro horizonte existencial o el tú malo, no placentero, inútil, inmanipulable no amenazando nuestra existencia. Se connota así al tú como premiador o castigador.

Cuando decimos tú de una manera inmadura, en el fondo no hacemos más que prolongar el yo. Se trata de una proyección del yo, de una sucursal de mi yo. A veces seguimos, inmaduramente, toda la vida con esas categorías y no crecemos personalmente, hasta que conocemos y aceptamos que el tú no es ni mi yo ni mío. Cuando confundimos el yo con lo mío, no sólo pasamos del ser al tener, sino que caemos en la tiranía del tener. " Soy menos yo cuando lo otro, el otro no es mío". "Cuando tengo menos soy menos".

2. Túes fundantes

Los primeros túes fundantes son el padre y la madre, personas significativas ante las que emerge mi yo pudiendo un día verbalizar el tú. Iré haciéndome una idea de mi yo dependiendo de la relación que establezca con esos túes fundantes. Lo primero que percibo yo: "todo el bien está fuera de mí". Es decir, dependo de algo que no controlo o que, a duras penas, puedo tener la fantasía de controlar o la conducta de manipular. Es verdad que ese bien fuera de mí lo puedo convocar, aprendo a invocar y a manipular. Si me siento abandonado es porque "soy malo, "mi yo es malo". Se establece así una relación con esos túes fundantes que puede ser sana o insana. Sana cuando hay amor y límites que vinculan y estructuran la relación e insana cuando se tiene la experiencia de desamor o desinterés por parte del otro. El desvalimiento aprendido, la experiencia de abandono o el castigo inmerecido vienen a reforzar peyorativamente la palabra tú.

No hay crecimiento personal sin yo-tú. Podemos tener fantasías acerca de nuestro crecimiento: "sin "tú" no soy nadie" o "contigo lo soy todo". Cualquiera de estas dos fantasías de aniquilación o de omnipotencia nos zarandea lejos del equilibrio de la madurez. Ni es verdad que sin tú no soy nadie, ni es verdad que contigo lo soy todo. La realidad madurante es que tú me revelas quién soy y quién eres tú. Y yo te permito ser tú: somos yo-tú. Somos relación, somos encuentro.

3. Miedos ante el encuentro

Ante el encuentro humano en el que emerge como horizonte existencial la palabra tú, pueden existir y generarse miedos que lo dificulten y lo hagan falso.

- Que el otro me aniquile: la fantasía de ser nada y nadie para el otro. El temor de que el otro me ignore, que pase desapercibido ante sus ojos, que no me vea. En realidad es como si no me viese, porque su mirada no me constituye en alguien valioso, amable.

- Que el otro me utilice: que me use, me cosifique, me manipule como si fuera una cosa de usar y tirar. Ese temor tan típico de la sociedad de consumo y de la despersonalización en las relaciones humanas es muy frecuente. Los grandes engranajes sociales, las multinacionales, las grandes instituciones, el aparato del estado, me llevan muchas veces a saberme un número de DNI o de la Seguridad Social o del Ministerio de Hacienda.

- Que el otro me absolutice y, por lo tanto, tenga que ser todo para el otro. Este riesgo y el temor que genera son también muy reales. Si el otro me concede todo el poder sobre él y no soy fuerte para poner límites asertivamente y devolverlo a su justa dimensión, me sentiré "obligado" a serlo todo para aquel que me absolutiza. A responder a todas sus expectativas, a que el otro encuentre en mí todo lo que él necesita en su desarrollo personal. No se da cuenta el otro de que cuando me otorga ese poder se esta autoengañando y me esta manipulando desde el super-ego bajo capa de admiración, consideración y halago.

- Que el otro me someta o se someta: es decir, que me convierta en víctima o en tirano. Este temor puede darse a mi pesar porque el otro en su fantasía, inmadurez, o manipulación puede "hacer de mí una víctima o un tirano". Es cierto que el problema radica en la conducta o conductas del otro, pero repercute en mí generando miedos al tú y toda una incómoda atmósfera en el ámbito de la relación humana.

- Que el otro me exija cambiar. El tú aparecerá amenazante ante mi yo si conlleva una exigencia de cambio según sus criterios y su visión de la realidad moldeada por sus necesidades. El cambio es dinamismo en la vida pero la exigencia de cambiar en la dirección impuesta por el otro genera miedos a la relación o aparentes cambios que no están, en realidad, internalizados. Cambios de conducta que den al otro satisfacción mientras que nuestro interior se mantiene rebelde a esos cambios que duran sólo en tanto en cuanto dure el poder del otro sobre mí.

- Que el otro me constituya y me abandone: que me cree la necesidad de él y la frustre. El tú que apareció ante mí de una manera constituyente me crea la necesidad o despierta el deseo de estar con él. Cuando ha creado esa necesidad, tal vez satisfecho su ego, puede frustrarla abandonándome, y entonces el tú que en un momento apareció como un "Dios" me sitúa en una experiencia más negativa que la previa al encuentro con ese tú.

4. "En la calle, codo con codo, somos mucho más que dos"

El tú que me hace ser yo y constituir un yo-tú será auténtico si me permite o nos permite que seamos mucho más que dos. Un yo-tú verdadero siempre es fecundo y trascendente. Esto quiere decir que nos abre a otro túes. Nos revela que el otro es mayor que él mismo y yo soy más grande que yo mismo. Es el umbral del camino hacia el eterno misterioso TÚ. Mi capacidad de amar no se agota en yo-tú. Esa energía viene de más allá de mi yo y pasa por el tú abriéndose a los otros. El tú me invita a salir de mí mismo a encontrarle, trascenderme y trascendernos. El tú despierta el lenguaje, me ayuda a nombrar balbuceando el ser, me llama por mi nombre, me invita a vivir. El tú no sólo es la meta y el fin del amor sino el mediador del amor. El tú me enseña amar y ese dinamismo aprendido y profundamente inserto en lo más hondo de mi naturaleza se desarrolla no conteniéndose en las pequeñas fronteras del tú. Una de las tareas más importantes de la vida humana es "TUIFICAR": convertir en tús la realidad.

Cuando hay un encuentro con un tú significativo yo le saco del anonimato le doy nombre y rostro en el que le veo y me veo a la vez que me trasciendo. Esto acontece sanamente cuando lo que soy y expreso se verifica, no por el entendimiento ni por la voluntad ni sólo por el sentimiento, sino por todo mi ser integralmente vivenciado con presente, proyecto y reconciliación con el pasado.

Existen distintos niveles de relación:

1. Nivel racional: tengo información sobre el otro. Le conozco como si fuera un ello. Puedo describir al otro, tener datos sobre él, conocer su naturaleza o su estilo personal de acontecer en la historia. Este nivel cognitivo puede integrar también la cabeza y el corazón, el otro ya no será para mí algo conocido sino alguien para mí.

2. Nivel emocional: siento al otro como un tú con el corazón y el eco afectivo que despierta en mí. Mi corazón vive de él (no sólo de él, con él, y para él). Existe en este

nivel una sintonía emocional que permite al yo adentrarse en las entrañas del tú, conocer el eco de sus sentimientos y crear una atmósfera de complicidad emocional que puede ser vivida sanamente, de una manera muy hermosa.

3. Nivel energético-visceral: me convierto en un yo-tú. Me amo amándole, le amo amando. La vida que pasa por este yo-tú nos atañe y configura a los dos siendo más grande que ambos.

4. Nivel de auto-trascendencia. Para comprender el TÚ, voy a transcribir un cuento de **Tony De Mello**[5].

"El amante llamó a la puerta de su amada. ¿Quién es? preguntó la amada desde dentro. Soy yo, dijo el amante. Entonces márchate, en esta casa no cabemos tú y yo.

El rechazado amante se fue al desierto, donde estuvo meditando durante meses, considerando las palabras de la amada. Por fin regresó y volvió a llamar a la puerta.

¿Quién es?

Soy tú.

Y la puerta se abrió inmediatamente."

Cuento oriental, misterioso, que tiene que ver con la identidad profunda y el Amor.

El encuentro entre el yo y el tú no es independencia, ni copropiedad del tiempo o de la vida ni de bienes que consistirían en tener en común hijos, dinero, posesiones. El encuentro del yo y el tú es, en una dimensión madurante y liberadora, libertad, gratuidad, sabiduría, sorpresa, agradecimiento, proceso, apertura, autenticidad, trascendencia. El yo-tú no excluye la soledad, garantía de la verdad del yo-tú, ni elimina el silen-

---

5. Cf. *El canto del pájaro, ¿Quién soy yo?*, p. 133. Sal Terrae Santander 1991.

cio en la escucha del tú que me funda. Constituye, me libera y me hace crecer como persona respetándome y amándome en compañía de los otros sacados del anonimato por yo-tú.

Ejercicios: tú

1. Después de una breve preparación corporal que te vaya relajando, visualízate sentado/a al borde del camino de la vida. Van pasando despacio, lentamente, túes significativos para ti: ¿qué sientes? Recibes un mensaje de ellos y les envías tu propio mensaje.

2. Relájate y deja fluir tu respiración, cuando hayas conseguido la armonía psicosomática adecuada, visualiza un tú que pueda decirte, en verdad y profundamente, quién eres. Relaciónate con este tú prestándole tus palabras, escuchándole y percibiendo lo que te dice de ti.

3. Respira acompasadamente y de una manera rítmica afirma: yo soy yo ante ti, yo soy yo contigo, yo soy yo sin ti. Vete respirando estas afirmaciones antes túes significativos intuyendo profundamente el encuentro, la relación y la trascendencia de esa misma relación.

7

NOSOTROS

El descubrimiento, y paso del yo al nosotros, supone un largo camino de maduración que atraviesa por diversas crisis. No hay nosotros solamente por la existencia de un grupo de pertenencia, cuando no se establece en una red de relaciones personalmente significativas. Es el caso de la adolescencia, una de las época más intensas, donde se echa mano del "nosotros" para proteger el yo débil, para identificarlo y renegociarlo.

El nosotros no nace sencillamente del dato de realidad que me dice que además del yo existen otras personas. Para que se dé el nosotros debo aprender a perderme y encontrarme en otros. Este dinamismo difícil y arriesgado necesita el aprendizaje de la convivencia, de la coexistencia, del compartir y el convivir. Todo esto no se hace sin respeto, escucha, diálogo y amor.

El nosotros no es un yo ampliado, como sucede frecuentemente, sino una unidad superior que me llama, integra y trasciende. El nosotros no es un propietario plural, sino el camino de la pérdida del yo y el reencuentro con la unidad presentida y nunca del todo realizada en el pueblo, el grupo, o la comunidad.

El paso del yo al nosotros queda vivamente ejemplificado en un cuento que escuché a mi buen amigo y maestro **Tony De Mello**.

Se trata de un grupo de muchachos que, hace ya muchos años, acuden al pueblo cercano para vivir en él la fiesta mayor. Pasan todo el día bailando, bebiendo en una atmósfera estimulante, eufórica y excitante. Ya de noche, eran otros tiempos en los que se vivían con la luz del día, comienzan el regreso a su pueblo, a pie, por el largo camino que les separa de la fiesta. Están borrachos, mareados, con el cansancio y el comienzo de la resaca, cuando empieza a llover y el frío, relente de la noche, les hace buscar cobijo en una pequeña tejabana que da acceso a una finca de labor. Allí en el pequeño espacio cubierto, se amontonan, aprentujándose unos con otros, buscando evitar la lluvia y encontrar calor. Al amanecer, semidormidos, se encuentran en una gran confusión: el mareo, la resaca del alcohol les impide reconocer y recuperar conscientemente su esquema corporal. A un campesino que, madrugador, va a su campo, le piden ayuda para salir del atolladero en el que se encuentran. El buen hombre se acerca con su burro y les pregunta qué necesitan. "Estamos mareados y no podemos reconocer siquiera nuestro propio cuerpo". El campesino con su sabiduría popular, encuentra una fácil solución: sacando un alambre de la albarda del burro, se acerca al grupo de muchachos confusamente entrelazados y pinchando un pie oye que alguien grita ¡ay! Pregunta el hombre quién ha dicho ¡ay! Yo. Pues este pie es tuyo. A continuación pincha una mano. Se repite el grito de dolor y así poco a poco va adjudicando los miembros a cada unidad corporal. El nosotros aparece cuando alguien pincha el pie, la mano, el corazón con ideas asumidas al otro y tú dices ¡ay! Entonces se ha constituido verdaderamente el nosotros. Cuando el dolor o el gozo del otro, como por vasos comunicantes, llega a tu consciencia y te hace responder como si fuera tuyo propio. En ese momento se ha dado el paso del yo al nosotros. Existe un nosotros vivo, interrelacionado, sujeto plural y a la vez unificado que participa y comparte grupalmente las vivencias que afectan a cada uno de sus miembros.

NOSOTROS no es una comunidad de intereses sino de personas con un contacto frecuente, comunicativo, interactivo que ha alcanzado tal nivel de madurez que pueden ser muchos en un solo cuerpo.

El nosotros se forma a través de la empatia y el amor:

- Empatía: aprendo a mirar la realidad con los ojos del otro, desde su universo de referencias. Aprendo a vibrar con la vibración emocional del otro comprendiéndola y captándola con nitidez a la vez que la reflejo con mi gesto y mi palabra.

- Amor: acojo a los otros en mi universo afectivo ofreciéndoles gratuitamente mi energía amorosa. Entre la empatía y el amor está la simpatía que caracteriza también al nosotros: es un vibrar con, padecer con, gozar con.

El nosotros supone que yo no me creo *centro y norma universal*. El nosotros relativiza, refiere, conforta, dialoga. El yo que se integra y crece en un nosotros ha de ser capaz de escuchar, de convivir democráticamente con lo plural y diverso; no pretender uniformizar ni estandarizar a los otros, sino aceptar su diversidad en una convivencia respetuosa y pacífica. El yo se ve así enriquecido por las distintas perspectivas, puntos de vista, reacciones afectivas, vivencias que provienen del nosotros.

El nosotros es una experiencia abierta capaz de reconocerse progresivamente en nuevas personas. Esto significa que no se trata de un gheto cerrado, una mafia limitada, un grupo limitador defensivo, exclusivo y tal vez agresor.

NOSOTROS es un programa de desarrollo humano. Es una comunidad hacia la utopía de una humanidad unificada. El nosotros no se construye por adición: yo más yo más yo, sino por sustracción, nosotros igual a yo menos yo menos yo. La unidad superior que estructura nosotros compensa con creces las pequeñas pérdidas que han de ser negociadas y consensuadas en vista de el bien intuido que comporta el nosotros. Nosotros exige flexibilidad, evitar el ansia de poder, consciencia y análisis de la realidad y sobre todo sensibilidad para captar y encauzar, dando, a ser posible, satisfacción a las necesidades de cada uno de los miembros que componen la unidad del nosotros.

El nosotros, grupalmente vivenciado, camina desde el poder al amor. Es un largo itinerario con avances y retrocesos que exige aclaraciones a estas tres grandes preguntas: ¿dentro o fuera?, ¿arriba o abajo?, ¿cerca o lejos? Estas tres grandes preguntas acerca de la pertenencia, el poder, el amor es necesario aclararlas en un proceso de maduración del nosotros. Solamente la pacífica aclaración de estos interrogantes llevará al organismo vivo que es un nosotros a crecer y desarrollarse sanamente. Deben estar claros los criterios de pertenencia, el poder que en el nosotros se comparte y se adjudica a cada uno de los miembros y el amor con el que se amasa unifica y experiencia el grupo constitutivo del nosotros. Es verdad que en ese largo y difícil itinerario habrá problemas personales no resueltos que lo dificulten: dependencias y contradependencias, luchas de poder, intimismos y contraintimismos, etc., es decir, que acudimos al nosotros con problemas no resueltos que necesitan una solución madura para que el resultante de la interacción de varias personas sean también fruto maduro y pleno.

Ejercicios: nosotros

1. Después de la preparación corporal, cuando encuentres un nivel de relajación adecuado, deja fluir tu memoria y recuerda algún nosotros que hayas vivenciado en tu historia. Recréalo visualizando, poniéndole rostros nombres, palabras y date cuenta de cómo te sentías en ese nosotros. Se trataba de un nosotros uterino, envolvente o de un nosotros madurante, respetuoso de tu libertad, escuchador de tu palabra. ¿Qué te aportó ese nosotros? ¿Cómo creciste en él?

2. Cae en la cuenta relajadamente de tus necesidades, las que concretan y precisamente te empujan hacia el nosotros. Observa también si, de verdad, deseas constituir, en alguna área de tu existencia un auténtico nosotros. Date cuenta de las dificultades, pero confía en la motivación emanada de tus propias necesidades y deseos para, tal vez, proponerte buscarlo o crearlo.

3. Intuye relajadamente cuánto podrías aportar a un nosotros. Hazte consciente de que tu riqueza y recursos personales no se agotan, posiblemente, en la vida tal como la tienes estructurada. ¿Cuál sería tu palabra, tu auténtica aportación a un nosotros? ¿Tu inteligencia, tu capacidad de análisis, ... tu energía integradora y amasadora de diversidades personales que respeta la identidad de cada uno ..., tu habilidad para motivar, para proyectar acciones que realicen tareas gratificantes para nosotros y útiles para los demás?

8

PODER

La palabra poder es ambigua. Resuena en nosotros de muy diferentes formas dependiendo de nuestra biografía e historia psíquica y social. Conjugamos el verbo poder en muchas dimensiones: personal, física, social, psicológica, económica, política, etc. Es un verbo que pertenece al radical humano que nace con nosotros y que tardamos mucho en asumir e integrar.

El niño nace casi sin poder. La naturaleza compensará esa debilidad inaugural con un, en el mejor de los casos, entorno amoroso. El crecimiento de la niña/o explorara, en sus diversas fases, distintas dimensiones del poder en las raíces diferentes de lo humano: poder físico, maduración psicofisiológica; poder mental progresivo con la maduración del cerebro; poder social: ocupar un lugar en la red de relaciones sociales; poder motivador; poder afectivo, etc. El poder necesita del amor para no convertirse en una compulsión opresora o en una defensividad inabordable. Cuando el poder y el amor en sus diferentes lenguajes van juntos, la experiencia del poder no sólo no deteriorará al ser humano, sino que encauzará sus diferentes desarrollos.

Decir "yo puedo", es descubrir que algo hasta ahora desconocido, es posible gracias a mis propios dinamismos. Esa tendencia a hacer por nosotros mismos las cosas, es una continua exploración de nuestro progresivo crecimiento en los distintos poderes que cultivamos en la vida.

El problema del poder es la carrera fantástica hacia una pretendida omnipotencia. El "seréis como dioses", o el **Prometeo**, o la ambición de **Ícaro**, nos hablan del desafortunado manejo de esa pretendida omnipotencia. Esta fantasía de poderlo todo anida en el corazón humano, desorientando la realidad de un crecimiento personal medido y concreto pero con las ventajas de lo real. El otro polo que nos confunde en torno a la palabra poder es la fantasía de impotencia, considerarnos nada o nadie, sentirnos poca cosa, impotentes. Omnipotencia e impotencia amenazan el sano crecimiento y la maduración del poder humano. La realidad está en un equilibrio dialogante, que es consciente de las distintas dimensiones del poder que cultivamos y que son fronterizas al poder real de los demás, de nuestro entorno.

Cuando no se dialoga con el poder propio o de los otros, se instaura claramente un instinto de poder que subrepticiamente se enmascara con otros nombres. Victimación, manipulación, debilidad astuta, etc., serían algunos de esos nombres con los que disfrazamos el poder para ejercerlo desde la sombra.

La tranquila constatación: "yo puedo", es decir, tengo algún poder, se convierte en conflictiva cuando mi poder entra en colisión con el poder de otros. Enseguida vienen las comparaciones y la competividad a complicarlo todo: "yo puedo más, tú puedes menos"; "si yo puedo tú no puedes". Vivimos en una sociedad competitiva; una cultura en donde la carrera del poder en todas sus dimensiones se ha hecho ciudadana, invasora, opresora, aniquiladora. El poder sobre la naturaleza ha desoído la queja y el grito ecológico y va destruyendo en aras de un desarrollo artificial, a espaldas de la verdadera naturaleza. El poder social empuja a codazos y se abre paso en la muchedumbre de los seres humanos que compiten por puestos de prestigio y en definitiva, de poder. Esta competitividad trae consigo una secuela de insolidaridad, desconfianzas y recelos. Sospechamos de quien detenta un poder, juzgando frecuentemente, de una manera maliciosa y malévola, lo hace en servicio y utilidad propios. Esto ocurre en muchas dimensiones del poder, pero se ejemplariza como en su *analogatum princeps*, en el poder político. El poder en su uso prolongado deteriora. Y deteriora porque el poder que quiere perpetuarse a sí mismo, se rodea de personas con las que en lugar de contrastar la realidad y favorecer la libertad y el desarrollo humanos, se obtiene el halago, el arribismo, el amiguismo, la complicidad en mantener el poder por el poder.

Cuando el poder empieza y termina en sí mismo, ambiciona y devora todo lo que encuentra, hasta devorarse a sí mismo. Por eso el poder, aun siendo un radical importante, es necesario manejarlo con cuidado. Sospechar, si tenemos indicios psicosociales de que es así, que crece peligrosamente en nosotros. El ansia de poder exige, frecuentemente, sacrificios humanos. Inmolamos en el altar del poder lo mejor del hombre y la humanidad. Manejar con cuidado el poder no es tenerle miedo, sino no apegarse a él como si fuera nuestra segunda piel y no identificarse con él, sabiendo que el poder es una herramienta de servicio y sólo así puede justificarse su uso. Esto que en palabras electoralistas se dice siempre, en raras ocasiones se cumple. Instituciones que nacen para servir se convierten en centros de poder. La racionalización es sencilla "ayudar desde arriba a los de abajo". La realidad es dolorosa: los de arriba estarán cada vez mas arriba, los de abajo irán desapareciendo en el pozo sin fondo, en el agujero negro de la historia.

Aclarar la palabra poder es hacernos conscientes de nuestras destrezas, habilidades, capacidades. Uno de los poderes que tenemos es el de decidir **qué uso vamos a dar a nuestro poder.**

La palabra poder supone intercambio se da y se recibe. "Yo doy poder y recibo poder". Es importante saber a quién o a qué doy poder en mi vida y de quién o de qué lo recibo.

Matizando cuidadosamente estas realidades que pueden ser muy sutiles o muy claramente perceptibles, intuiré mi salud personal al pronunciar la palabra poder que, aun evitándola, tarde o temprano tendré que decir y decirme en ella en muchas, muchísimas ocasiones de la vida. Saber a quién doy poder de hacerme feliz o desgraciado, conocer a qué doy poder de sentirme realizado o frustrado, es modificar mi relación con las personas y las cosas mediada por la palabra poder.

Uno de los peligros del ejercicio social del poder es el AUTORITARISMO, tan estudiado en psicología social. El ejercicio desmedido del poder invasor y opresor es frecuente no solamente en la historia de los grandes imperios, sino también en la pequeña historia familiar de figuras poderosas que pueden generar miedos y angustias alrededor. Es triste tener miedo a alguien, pero no lo es menos constatar que alguien se relaciona contigo sólo desde el miedo.

Tenemos tendencia a medir la persona por el poder que tiene: "soy lo que puedo". En la tarjeta de visita no expresamos ninguna de nuestras cualidades, a excepción de la profesional que indica mis habilidades en un área del quehacer humano. En realidad somos más grandes que el poder que tenemos o que nos otorgan; cuando nos identificamos con el poder que nos dan y ese rol de poder ocupa toda nuestra persona, nos empequeñecemos. Si nos viésemos hinchados de poder nos daríamos lástima a nosotros mismos.

Cuando el poder decide nuestras relaciones, estamos en un interacción rudimentaria o funcional, jerárquica o estructural que sirve a los engranajes de una inmensa maquinaria social. Como subrayaba antes, sólo cuando el amor enmarca y dinamiza al poder, el hombre, el grupo y la sociedad, van madurando.

Ejercicios: poder

1. Adopta una postura corporal adecuada que permita fluir relajadamente tu visualización. Date cuenta de qué

personas, dotadas de poder, han cruzado por tu vida. Observa el poder que tú les dabas o reconocías en ellos y sus matices. ¿Qué aspectos de poder destacabas en cada uno? ¿cómo te influyeron? ¿cómo te sentiste ante ellos?

2. Date cuenta con paz, con sosiego de las distintas dimensiones de poder que experimentas en tu persona y tus relaciones sociales. ¿Cómo las vives?, ¿cómo las ejerces y desarrollas?, ¿en qué situación colocas a otras personas ante ti?, ¿eres capaz de conjugarlas con el respeto y el amor? Date cuenta de cómo vivencias tu propio poder sin compulsiones, sin desmedidas ambiciones que tapen inseguridades o invadan personas y estructuren relaciones de dominación. Concédete permisos para experimentar dimensiones sanas de poder, que limitan con el poder de los demás, reconocido y concretamente nombrado.

3. Observa, en una introspección cuidadosa y atenta, si ante la palabra poder existe en ti un movimiento de dependencia o una rebelde contradependencia. ¿Qué sabor ha dejado el poder en tu vida? ¿Cómo intuyes que se sienten otros cuando pasas con tu poder por sus personas y tareas? ¿Das culto al poder o a los poderosos o te sitúas de igual a igual, reconociendo diferencias que no atañen a lo esencial del ser humano entre unas personas y otras?

90

9

PERDÓN

Perdón tiene que ver con la experiencia de las limitaciones propias y ajenas, de la inevitabilidad de los errores y de la realidad de algunas culpas. Pronunciar esta palabra puede considerarse en dos perspectivas diferentes: la de aprender a pedir perdón y la capacidad de dar perdón, de perdonar. Ambas son importantes, no por educados convencionalismos sociales, sino porque atañen a la paz y la reconciliación entre seres humanos.

Decir con verdad perdón es dar o recibir libertad, reconciliación, amor. El perdón nos da la oportunidad de empezar de nuevo. De *no ser esclavos de nuestra biografía*, (como dice muy bien el gran humanista y teólogo, Director de Sal Terrae, **José A. García**) de liberarnos de nuestras hipotecas.

Perdón es una palabra de madurez porque supone comprensión, libertad y amor y esto no se improvisa, no se da tan fácilmente fuera de un proceso de maduración.

En estos últimos años, psiquiatras y psicólogos norteamericanos han enriquecido la bibliografía psicológica de la palabra perdón, indicando su poder terapéutico. Perdonar no es un gesto religioso sino también, y ante todo, radicalmente humano.

Perdonarse y perdonar es amarse y amar; reconocerse mayor que la culpa o el error. Perdonarse es aceptar todos los colores de nuestro arco iris personal sin pretender quitar ninguno. Decirse perdón a uno mismo es saberse humano, situado, limitado, fruto de su elección y circunstancia y radicalmente, valioso y bueno.

No es fácil otorgarse el perdón, pues supone renunciar a esa compulsión de origen inconsciente que amplificamos en nuestro yo a través de los sentimientos de culpa. La culpabilidad, frecuentemente y en sus dimensiones más desmesuradas, es una enfermedad. La experiencia de los sentimientos de culpa retroflexiona la agresividad en conductas autopunitivas que pueden llegar a ser muy dolorosas y deteriorantes para el sujeto que la experimenta. Decirse perdón es renunciar a la culpa y no es tan fácil renunciar a sentirnos culpables. Tal vez la necesidad de reparar, en un autocastigo, nos impide la dimensión terapéutica del perdón. La autoagresión de la culpa la perpetuamos cuando no nos perdonamos a nosotros mismos y torturamos nuestro yo con pensamientos y emociones dolorosas que generan mucho sufrimiento. Perdonarse es renunciar a ese sufrimiento fiándose del otro y fiándonos de nosotros mismos, de lo profundamente buenos y valiosos que somos a pesar de las limitaciones y de los errores. Podremos haber causado mal a otras personas o a nosotros mismos. Esto es innegable pero, a la vez, podemos trascender ese mal otorgándonos mutuamente el perdón que libera o reconcilia. Perdonarse supone renunciar con ternura a nuestras fantasías de héroe, superman, o de intransigente perfección.

Perdonarse es desmontar nuestro narcisismo e ir poco a poco humanizándonos en la verdadera estatura.

Perdonar es acoger al otro como es, sabiendo que es mayor que su conductas, comprendiéndolas en lo más profundo; sacando de nuestra generosidad esa amnistía o ese indulto que libera a otro de la pesada carga de la culpa. Saber pedir perdón es confiar en la magnanimidad del otro, reconocer, con verdad, nuestro error o nuestro mal y ofrecernos ante el otro sabiéndole capaz de integrar y superar nuestra limitación.

PERDÓN

Perdón es una palabra mágica que da libertad, fe en uno mismo y en el otro y sobre todo transmite respeto y amor.

La palabra perdón se atasca entre resentimientos, rencores, malentendidos y venganzas. El resentimiento hace daño al que lo rumia y conserva como una prueba de la maldad del otro o de su propia victimación. Liberarnos de los resentimientos, ser capaces de perdonar, es importante no sólo para la persona perdonada sino para la mujer y el hombre que tiene y experimenta la libertad de perdonar. La ausencia de la palabra perdón hace tanto daño al que no la pronuncia como al que no la escucha, pues la palabra perdón es música, fiesta, danza y sobre todo encuentro de personas. La mano que otorga el perdón, aunque no quiera otorgar nada, firma su propia grandeza.

El perdón es reconciliación humana. Perdonarse es reconciliarse con nuestro propio pasado; perdonar es ofrecer al otro un camino de liberación sin las hipotecas de su error. El perdón es como una hoja firmada en blanco donde se puede escribir cualquier cosa. Nos importa el otro, no lo que hizo puntualmente que pertenece a un paso en falso en la vida. Aprender a perdonar es aprender a vivir en paz, supone saberse pequeño y necesitado del perdón. ¡Quién no necesita muchas veces en su vida que le sean perdonados sus errores! ¡Quién no experimenta libertad al perdonar! *Puede ser que el sentimiento no acompañe el acto deliberado de nuestra voluntad que perdona.* Solemos decir: "perdono, pero no olvido". Que el recuerdo sea experiencia aprendida, sabiduría adquirida, pero no estancamiento emocional en un resentimiento que impediría el fluir de lo mejor de nosotros mismos.

Aprender a pedir perdón y perdonar es aprender a vivir en lo humano. Ser capaces de trenzar una historia en la que existe trigo y cizaña. Tolerar la ambigüedad y optar por creer que, a pesar de todo, la bondad es ontológicamente más honda que la culpa y el error en todo ser humano, aunque tengamos que protegernos de esas culpas y errores.

Ejercicios: perdón

1. En una actitud sosegada deja que la paz vaya invadiendo tu cuerpo. Relajadamente recuerda situaciones en tu vida que necesitan escuchar la palabra perdón otorgada por ti a ti mismo/a. Pronúnciala despacio, como si trataras a tu mejor amigo o amiga. Dale un sentido liberador y acógete tal como eres, mayor que tus propios errores.

2. Recuerda personas a la que por limitación, ignorancia, o inconsciencia hayas podido causar algún mal. Deja que aparezcan sus rostros y que surja de verdad de tu corazón la petición de perdón. Imagina que la recibes y permite que la paz y la libertad vayan reconciliándose, cada uno por su camino pero sin recuerdos dolorosos que te impidan un presente esperanzado.

3. Aunque tus sentimientos puedan alborotarse, déjalos reposar, remansarse suavemente en el fondo de ti mismo/a. Acepta tu pequeñez y date cuenta de cómo necesitas gozar de la palabra perdón para caminar ligero de equipaje por tu vida. Escucha por dentro aquello de: "ser hombre es una circunstancia atenuante". Nacidos del amor, para la libertad de amar, acoge el perdón para que no se interrumpa este proceso que te constituye en tu esencia más profunda.

10

GRACIAS

Más allá de la fórmula aprendida de cortesía, GRACIAS es el reconocimiento agradecido del gesto gratuito y amoroso. Decir gracias supone una madurez para reconocer que existe lo gratuito, que además de lo pactado, convenido o contratado, se da el mundo de lo gratuito, en el que la persona puede vivir de sus mejores momentos.

No deja de ser significativo que enseñemos a los niños a decir gracias, al tiempo que les fabricamos un mundo donde apenas cabe esa palabra. Un mundo tan programado que funciona por tecnología, poder, dinero, obligación y tal vez miedo. Un mundo mediocre, donde quizás nos sorprenda mediocre la conducta que arranca un "gracias".

Decir gracias es reconocer al otro libre y capaz de generosidad y amor, capaz de hacer gestos no debidos pero sí elegidos y queridos. Decir gracias es decir al otro: "me acabas de revelar que soy importante para ti, aunque sea en esto tan concreto y pequeño".

La palabra gracias es siempre un regalo, que no se busca, se recibe con sorpresa. Decir gracias no es una palabra auténtica si no está en conexión con un corazón agradecido: a la vida, a los gestos gratuitos, al interés del otro por mí y mis necesidades o deseos, al hombre que no pasa a mi lado indiferente sino que fija en mi su mirada y tiene un gesto que acarrea agradecimiento y despierta el corazón con la palabra gracias.

Cuando afirmamos: "no me lo agradezca lo hago por...", precisamente por eso te agradezco porque mi "gracias" "es nada menos que un regalo".

Poder decir gracias de verdad es saber superado el egocentrismo infantil o adulto que me hace centro, ombligo del universo y todo me es debido, teniendo que girar este universo en torno a mi pequeño yo. Superar ese egocentrismo es realismo maduro.

Gracias revela, como decía, un corazón agradecido. Es decir, un corazón con sitio para el perdón, la generosidad, el amor, la fiesta, el regalo, lo pequeño, lo que no sirve, lo bello.

La palabra gracias nos introduce en un mundo humano que nos sorprende, emociona, alegra, en un mundo que no sólo **funciona** sino que **vive**.

El imperio del deber, de la obligación, de lo que nos es impuesto hace que en la vida cumplamos, observemos, funcionemos más que vivamos. El hombre, la mujer, frecuentemente se relacionan más con el deber que no conlleva aparentemente la palabra gracias que con lo gratuito; con ese margen de gratuidad que enmarca el deber haciéndolo humano, internalizado, querido y ofrecido.

Para dar gracias hay que tener un corazón de pobre o de niño. Es decir un corazón que al madurar se ha hecho pobre y/o sanamente infantil. Tal vez este devenir del corazón se realiza en un aprendizaje difícil de la dureza de la vida. Gracias quiere decir: "creo en las posibilidades del hombre, de la mujer", "todavía hay sitio para los niños". Gracias despresupuesta nuestras contabilidades con una partida donde cabe todo, hasta dar la vida.

En un mundo donde todo se vende y se compra, apenas hay sitio para la gratitud. Gracias se ha convertido en un signo de buena educación pero no de una educación para lo bueno. Las relaciones humanas estructuradas, distantes, pactadas, no se asombran ante gestos que estimulan el corazón agradecido y prorrumpen en la palabra gracias.

El despertar de cada mañana, el pan de cada día, la sonrisa espontánea y gratuita, el apretón de manos solidario, la paz y la reconciliación, etc., todo eso transforma el corazón si se sabe ver y contemplar en la palabra gracias que abre al otro la posibilidad de encontrar en mí gestos parecidos. Gracias es música y regalo, es solidaridad y abrazo.

El regalo se ha convertido en un gesto social programado por los grandes almacenes donde se venden de todo menos gratuidad. Y sin embargo los pequeños y grandes regalos de la vida que pasan por la libertad de hombres y mujeres nos llevan a descubrir que más allá de lo estructurado, en justicia, existe la libertad del amor que, en pequeños gestos de servicio, tiene en cuenta al otro más allá de lo que el espacio social acota y define.

La palabra gracias no se programa y aprende sólo con refuerzos. Necesitamos ser personas a las que alguien da gracias. Si sabemos escuchar, aceptar y asumir esta palabra descubriremos nuestro interior más bello, más valioso. Escuchar la palabra gracias es decirnos: "eres una mujer o un hombre generoso". Es decir una persona que sabe mirar por encima de su yo, que está sanamente descentrada en el sí mismo y pone su vista en los otros, los más cercanos y los lejanos. Esa mirada no constata y recuenta estadísticamente, sino que percibe una dimensión de la vida donde se encuentra la persona muy bien pagada, extraordinariamente sobrepesada por un sencillo gracias.

Hay personas que nunca dicen gracias de verdad, si no es por pura educación, gentes que no saben ver el corazón humano, un gesto, una palabra, una mirada. Todos necesitamos que se nos reconozca. Decir gracias de verdad es decirnos: "nos hemos dado cuenta, hemos sido conscientes de ti".

La actitud de agradecimiento percibe la vida y sus gentes como un don. Esta percepción es terapéutica, pues va eliminando amarguras, negatividades, absurdos de la historia en la que más que arrojados nos vemos arropados.

La palabra gracias genera alegría en quien la dice y la escucha. Una alegría asombrada al constatar que el otro es alguien para mí y yo soy alguien para el otro. Cuántas veces en baches oscuros de nuestra historia personal un pequeño gesto gratuito nos emociona y conmueve. Estas conductas humanas son las que nos hacen balbucear gracias. Se trenza así una red de relaciones donde el otro deja de ser distante y amenazante para hacerse accesible y cercano. Detrás de la palabra gracias se intuye amor, no en abstracto sino en pequeños momentos de la historia. Instantes mágicos que posiblemente, algunos de ellos no olvidaremos jamás.

Ejercicios: gracias

1. Después de la preparación corporal que te lleve y facilite a una retrospección relajada, recuerda dos o tres gestos gratuitos en tu vida que han arrancado de tu corazón la palabra gracias. Personalízalos, dales rostro y nombre, y, observa qué acontece en tu interior. Observa la constelación de emociones que recorren tu cuerpo cuando prorrumpe la palabra gracias desde el fondo de tu ser.

2. Respira fluidamente con una respiración diafragmática que se impulsa desde el abdomen y date cuenta de si en tu vida dices gracias con frecuencia o es para ti una conducta rara o infrecuente. Observa, repasando los últimos tiempos, gestos que se te han pasado inadvertidos pero que merecían, de tu parte, la palabra gracias. Tal vez gestos sencillos, pequeños, cotidianos. Repásalos y lentamente desgrana cada una de las letras de la palabra gracias. Después de hacerlo mira a esa persona con una mirada nueva y cáptate a ti mismo/a como alguien valioso y tenido en cuenta por el otro.

3. Con una respiración rítmica, hazte como una especie de "letanía" a la cual vayas añadiendo la palabra gracias: por... gracias; por... gracias; por... gracias, gracias.

11

AUTOCOMPRENSIÓN

"Dispares, ¡cuán dispares!
porque somos disparates...
Sin origen, sin destino...
En una noche: ¡se nos templa con el dormir!
Y la misma noche somos miles,
En una cola, en no sé dónde".

José Luis Hassen. *Poemas de la Noche.*

Una de las necesidades más profundas del ser humano es la necesidad de comprender y comprenderse. El sentido del cosmos, de la vida, de la historia pasa por la autocomprensión. Con la aparición evolutiva del hombre en la tierra, se han encontrado huellas de esa necesidad de autocomprenderse, de relacionarse sapientemente con el entorno que le sobrepasa y que poco a poco ha tenido que transformar adaptándose a él. Autocomprensión es tarea cognitiva. Tiene como fruto saberse coherente: eliminar el azar y la casualidad, no de la historia, pero sí como hilo conductor de la existencia. Poder salir del caos, la confusión y el sin sentido haciendo una lectura o relectura adecuada de la realidad.

Autocomprensión es saber dónde estoy, de dónde vengo, a dónde voy, para qué estoy. Es el esfuerzo humano de explicar lo explicable y llevarnos de la mano al umbral del misterio para ganar espacios de luz a las sombras. Tal vez no lo consigamos del todo y nuestra autocomprensión sea más limitada que nuestras necesidades y deseos de comprender. Tal vez la luz acontezca en nuestro corazón y en nuestra mente pero no elimine del todo, ni mucho menos, las sombras como un espacio que hemos de conquistar para la luz.

Autocomprenderse es silabear la frase que somos, descifrando gozosa o dolorosamente, pero siempre con lucidez auténtica, su misterio. Autocomprensión dice razonabilidad, explicación, sentido. Esto no significa que la autocomprensión pueda fabricarse y encerrarse en los estrechos límites de la ciencia y la razón. Existe una autocomprensión razonable pero no enteramente fruto de la razón. El hombre, en su tarea de comprenderse, se encuentra con retos que le dificultan esta tarea, sin sentidos que no sabe explicarse y explicar. Autocomprenderse, debe significar saber convivir con esos espacios de vacío cognitivo, intuyendo que el sentido es más real y poderoso que el sin sentido, aunque no lo toquemos y gustemos.

Para **Viktor Frankl,** el hombre en busca de sentido es la expresión más profunda de la libertad humana. La voluntad de sentido es tan grande, que incluso matando al hombre, no se le puede impedir[6]. La voluntad de sentido es más fuerte que la muerte a la que, aunque sea un dato inexorable, podemos interpretar con distintos lenguajes comprensivos.

Acosado por tantos absurdos: guerra, dolor, sufrimiento de los inocentes, injusticias, muerte,... el hombre busca en la autocomprensión la defensa de la locura existencial, un resquicio por donde alentar la posibilidad de seguir siendo humano y de hacerlo con la esperanza de llegar a autocomprenderse o a convivir, pacíficamente, con el misterio.

---

6. cf. García-Monge, J. A. (1997): *El camino hacia el porqué*, en *Relatos para el crecimiento personal*. C. Alemany, (Ed.) 3ª ed. Desclée De Brouwer, Bilbao.

AUTOCOMPRENSIÓN

La autocomprensión no es una tarea que se hace de una vez para siempre. Es tarea abierta sujeta a las provisionalidad y a la revisión cuando las crisis existenciales o culturales nos lo demanden. Podemos trazar el andamiaje de la autocomprensión para dar solidez a una existencia frágil y amenazada, pero ese andamiaje se nos quedará enseguida pequeño cuando otros acontecimientos nos demanden una autocomprensión más profunda. Desde el adolescente que a duras penas se comprende, hasta el adulto que, con paz, mira lo que sabe de sí mismo y se enfrenta al misterio, existe un largo camino de maduración. Las grandes religiones, las filosofías, los humanismos han dicho en torno a la autocomprensión su palabra. Tal vez para muchos esa palabra ha sido compañera de un trecho del camino, pero se les ha quedado pequeña en momentos en los que la autocomprensión tendría que haber sido más fuerte que el sin sentido. La provisionalidad de nuestro sentido no indica fragilidad, sino crecimiento que nos invita a profundizar cada vez más, construyendo nuestra vida sobre la roca que mantiene firme el edificio existencial ante los embates de un mundo donde el sin sentido parece triunfar.

Con autocomprensiones prestadas o provisionales la mujer, el hombre, va llegando evolutivamente a una mirada maduramente reflexiva sobre sí mismo, sobre el otro, sobre el mundo y la naturaleza. La persona necesita acogerse comprensivamente dentro de su cultura, aun con pensamientos que puedan ser contraculturales.

La autocomprensión armoniza lógica y afectividad; la lógica del corazón y de la razón. La unidad del ser humano tiende hacia esa armonía unas veces lograda y otras solamente presentida.

"La vida recita, dentro de nosotros, el "invisible poema" de la respiración y del continuo jadeo de amor y de su llanto y de su portentosa risa. Fuera de nosotros, la participación de todas las cosas produce, como la nuestra, más que un ruido mensurable y perceptible, la certeza de que la vida está rimando la armonía que somos o que deberíamos ser, la existencia que somos, la música de la que -conscientemente o no-formamos una mínima parte[7]."

Un cuento de mi buen amigo y maestro, el universal psicólogo de Bombay, **Tony De Mello**, ilustra la búsqueda de sentido y la humana ceguera.

"Usted perdone", le dijo un pez a otro.

"Es usted más viejo y con más experiencia que yo y probablemente podrá ayudarme. Dígame: ¿dónde puedo encontrar eso que llaman Océano? He estado buscándolo por todas partes, sin resultado."

"El Océano", respondió el viejo pez, "es donde estás ahora mismo".

"¿Esto? Pero si esto no es más que agua... Lo que yo busco es el Océano" replicó el joven pez totalmente decepcionado, mientras se marchaba nadando a buscar a otra parte.

El sentido de la vida se busca y acontece. Tal vez no hay más que abrir los ojos del corazón y mirar en la dirección justa... o dejarse mirar...

En diálogo con la realidad de dentro y de fuera de la persona, la autocomprensión, si es madurantemente flexible, se ensancha y adapta a la estatura real del hombre en el cosmos, descubriendo y descubriéndose en lucha con lo desconocido o misterioso.

De la autocomprensión prestada a la internalizada, de la dicha con palabras de otro a la sentida como propia, va un largo camino de certeza libre, de riesgo y libertad. Grandes interrogantes al hombre como la vida, la muerte, el problema del mal, etc., exigen un crecimiento en la autocomprensión que no siempre es fruto de un cociente intelectual alto, sino de un corazón que ha experimentado seguridades básicas en su

---

7. Antonio Gala, *la Casa sosegada*, Feb. 1996.

AUTOCOMPRENSIÓN

infancia y tiene el valor de seguir confiando en la vida a pesar de todo. La autocomprensión es el tímido fruto de un dialogo con la naturaleza y con la historia. Sin este dialogo es muy difícil escuchar el susurro de sentido que se alberga en el corazón de muchos hombres y mujeres.

Ejercicios: autocomprensión

1. Después de la armonía psicosomática lograda por una respiración rítmica y pacificante, formula tu propia autocomprensión: de dónde y hacia dónde, con palabras que enmarquen el sentido que tienen para ti tu vida. Escucha cómo lo fórmulas, qué certeza ancla en tu corazón al hacerlo y qué seguridades o dudas conviven con esa formulación.

2. Date cuenta relajadamente de si ese sentido formulado que trata de comprender y comprenderte es prestado o lo has internalizado. Si lo fórmulas con palabras de otros o lo has hecho carne de tu carne sangre de tus venas existenciales. Deja que se habrá paso en las sombras de la historia o del cosmos, no solamente apoyándose en la inducción de la verdad científica, sino pasando por ella y yendo mucho más lejos.

3. Asume con paz el silencio ante lo que todavía es para ti incomprensible. Respeta tus límites con la esperanza de abrirse a una autocomprensión cada vez más coherente y vivificadora. Acoge la soledad desde la que deletreas tu autocomprensión de la vida, recibiéndola como un fruto que va madurando y te genera en ti paz, serenidad, alegría y esperanza.

12

AMOR

Corazón mío...
¡Qué abandonado te encuentro!

León Felipe. *Nueva antología rota.*

La palabra amor es una de las más desgastadas de la historia, más devaluadas, adulteradas y, sin embargo, sigue siendo la palabra fundante más importante del ser humano.

Amor nos remite a energía, actitud, sentimientos positivos, cercanía, solidaridad, compasión, empatía, amistad.

El amor, en nuestra persona, es un don y una tarea. Como don es fruto del árbol de la vida que crece en nuestra naturaleza como posibilidad que quiere ser actualizada. La manzana es el lenguaje amoroso del manzano. Como tarea, el amor es aprendizaje, mimetismo, internalización, maduración y crecimiento. El arte de amar es la culminación de un proceso que fluye dando a la persona una de las características más esenciales de su madurez.

El amor tiene diversas dimensiones, distintas longitudes de onda dependiendo de la situación ante las cosas, o de la relación interpersonal. Dinamiza una energía amistosa o empática o erótica. La elección de estos dinamismos depende de la libertad situada y relacional, de la lucidez del corazón y, en ocasiones, de la respuesta y respeto al otro.

Existen pocos estudios empíricos en psicología acerca del amor. Esta queja de **Abraham Maslow** en los años cincuenta, se ha reparado en la última década con una más abundante literatura en torno al amor empíricamente evaluado y reconocido. Estrictamente hablando, el amor no se puede medir, el "más que ayer, menos que mañana" o "te amo más a ti que tú a mí", no dejan de ser frases en las que algo se puede intuir y sentir pero no evaluar rigurosamente.

El amor está hecho de tres ingredientes: **solicitud, afecto, intimidad**. La **solicitud** supone la atención eficaz al otro en sus necesidades y deseos. Hacerme cargo del otro, escucharle, respetarle, ayudarle. El **afecto** añade algo más; no sólo doy algo a alguien sino quiero estar con él, junto a él, junto a ella. El afecto es esa atmósfera agradablemente calurosa y magnéticamente atractiva que nos lleva a compartir tiempo, cercanía física, sintonía personal y emocional con el otro. La **intimidad** consiste en comunicarme con el otro. A la cercanía física, al contacto afectuoso, se añade aquí la palabra que me autoexpresa y la escucha que le permite al otro revelárseme. Muchas veces una proximidad física nos descubre un abismo vacío entre dos personas; la intimidad es el puente que, verbalmente o no, nos acerca al otro y nos permite la maravilla del encuentro y el conocimiento mutuo. La relación de estas dimensiones del amor depende del estilo de amar y de la situación personal ante el otro. Se nos ha educado para la solicitud; menos para el afecto; muy poco para la intimidad. Hasta la misma palabra intimidad se ha reducido a una dimensión física del amor en la pareja. Saber armonizar solicitud, afecto e intimidad supone amar desde todo el ser no con un gesto voluntarista, ni con una dimensión puramente cognitiva, ni tampoco sólo con un alboroto de los sentidos o de las emociones. El equilibrio entre estas tres dimensiones supone un amor lúcido, una inteligencia del corazón que, en ocasiones, no tiene casi nada que ver con el enamoramiento.

AMOR

El amor no es algo que yo doy sino la manera de ser alguien para el otro. El amor es siempre un yo-tú. Amar es sacar al otro del anonimato, darle rostro y nombre.

Tony De Mello expresaba el amor en un bello cuento que nos explicará la realidad misteriosa y presente del amor más profunda e intuitivamente que muchas palabras reflexivas y ponderadas. Se trata del cuento de los hermanos y los sacos de trigo. Éranse una vez dos hermanos que a la muerte de sus padres se repartieron en dos mitades la herencia. Al anochecer el mayor, casado y con muchos hijos, que había pasado el día trabajando con los suyos en sus tierras, se decía reflexivamente: "No es justo que yo haya recibido la mitad, tengo muchos hijos que crecerán y me cuidarán cuando sea anciano mientras que mi hermano, solo en la vida, necesitará más para asegurarse un cuidado en su vejez". El hermano menor, soltero, trabajaba también sus tierras y en el descanso vespertino se decía para sí: "No es justo que yo haya recibido la mitad de la herencia de nuestros padres. Estoy solo en la vida, necesito muy poco para vivir mientras mi hermano, con tantos hijos, debería haber recibido mucho más que yo". Después de estas reflexiones de los dos hermanos, cada uno de ellos, amparado en la oscuridad de la noche, iba a su propio granero, cargaba un saco de trigo y lo vaciaba en el granero de su hermano. Con este ir y venir, una noche se encontraron los dos hermanos, cada uno en dirección del granero del otro. Los hombres del pueblo, que habían decidido construir un templo a su divinidad, discutían acerca de cuál era el lugar más sagrado, más adecuado para la construcción del templo. Unos, más sabios, afirmaban que la montaña cercana, ya que las montañas habían sido siempre lugar de habitación de los Dioses, escenario de teofanías. Otros apostaban por el río como símbolo de la vida de sus tierras y personas, lugar de purificación y alabanza a sus Dioses. Todavía algún grupo de los más ancianos indicaban la plaza mayor del pueblo como lugar de encuentro humano, de relaciones personales cálidas y símbolo de la centralidad que el templo debería tener para los habitantes del lugar. Solamente uno, profundamente sabio, afirmó después de escucharles que el lugar más sagrado, donde de verdad se podría construir adecuadamente el templo, era el sitio en el que los dos hermanos, cargados con sus sacos de trigo, se había encontrado. El sitio del amor fraterno.

El amor es el origen y la vocación de la mujer, del hombre. Pensamos que hemos nacido, aunque no siempre es así, como frutos de una decisión amorosa. Esperamos que el amor pase por nuestras vidas despertando energía, ilusión, motivación, encuentro. El amor es lo primero que se siente presente o ausente y lo único que es más fuerte que la muerte. El amor con su posibilidad de desamor es la experiencia que da sal a la vida, sabor a la existencia.

El amor hace al que ama paciente y amable. El que ama no busca su interés aunque, evidentemente, puede expresárselo al otro. Si se irrita, es capaz de perdón y reconciliación, no se instala en las ofensas llevando cuentas del mal, sino que se alegra en la verdad, la justicia, el respeto y la libertad del otro. Este amor puede parecer utópico, pero esa utopía nos hace caminar en una dirección decidida por nuestros corazones.

El amor, a pesar de todo, corre por las venas de la vida, por eso es capaz de dar vida. Decir: "yo amo" o "yo te amo", supone una madurez que no se improvisa. Para que un hombre o una mujer puedan verdadera y eficazmente pronunciar la palabra amor, han tenido que crecer lenta y cuidadosamente, autocomprenderse, centrarse y descentrarse, experimentar una liberación y una capacidad de crear para que amor no sea una palabra vacía sino densa, viva y vinculante. Decir "yo amo" necesita una infraestructura psíquica y personal que supone haber recibido amor. No cualquier forma y clase de amor, sino un amor incondicional. Este tipo de amor no está vinculado a condiciones de mérito o esfuerzo, sino que empieza y termina en la persona por ser ella misma, por existir tal como es.

El amor, si se quiere construir sobre él y desde él un proyecto de vida, tiene que ser maduro y sólido, consistente y fiel. Construir un proyecto amoroso no es el puro enamoramiento, alboroto de los sentidos, o emociones desmesuradas.

AMOR

Si la pasión goza en el enamoramiento, el amor lo hace madurar y lo cotidianiza en una coherencia fiel y creciente. El amor al otro no es sencillamente a lo que el otro le proporciona, es decir, a mí mismo dando un rodeo por el otro. Te amo porque satisfaces estas necesidades en mí, te utilizo para mi propia autosatisfacción. Aun no exento de esa dimensión, el amor ama al otro como distinto, como libre, no como una sucursal de mi yo o una posesión y propiedad mía, sino como a alguien que al decir su palabra despierta en mí ganas de abrazarla, acogerla, escucharla y gozar en ella. Este amor heterocéntrico es el amor que crece ante un tú que personaliza y permite al otro, dándole las herramientas, ser él mismo, ella misma.

El amor ha de ser inteligente. El síndrome –descrito en estos últimos años por psicólogas estadounidenses– de la mujer que ama demasiado, es relativamente frecuente. No basta amar mucho sino que es necesario amar bien, amar con lucidez y percepción de la realidad que queremos acompañar y transformar con respeto. Este amor lúcido permitirá a la persona saber los límites de eficacia de su amor; llegar hasta la frontera del otro, llamar a su puerta y dejar el espacio de silencio y escucha para poder percibir su palabra.

El amor lo puede todo y a la vez es impotente: sólo puede amar. Esta paradoja es experiencia cotidiana en tantos padres y madres, parejas, hombres y mujeres que despiertan la fantasía del pensamiento omnipotente infantil a impulsos del amor y que chocan con la dura realidad de que el otro es el otro. El amor no coloniza. Amar es dejar al otro ser el mismo, ella misma, sabiendo que sólo así la autenticidad del amor se verifica en la historia relacional de las personas.

El amor, con ser la energía más poderosa del hombre, necesita también una infraestructura social que le permita hacerse historia y visibilizarse en la historia humana. Amar adultamente supone, en la mayoría de los casos, un trabajo, una casa, una alimentación asegurada. Es decir, tener satisfechas las más primarias necesidades para que, liberados de ellas, podamos dar nuestra palabra al otro y constituirle en alguien amable y amado.

Como escribe nuestro gran poeta místico, **Juan de la Cruz**: "al atardecer de la vida te examinarán del amor". Esta asignatura pendiente no implica el penoso deber de estudiarla, sino el gozoso o trabajoso deseo de cultivarla. El fruto nacerá como don de la tierra humana de ese cultivo, sobrepasándolo en sus posibilidades y límites. Amarse y amar es posibilitar el crecimiento maduro de una capacidad que siempre, si es auténtica, será fecunda y liberará vida en el otro.

En el amor, además de una diferencia cuantitativa, amo más o menos, existe una diferencia cualitativa. Éstos podrían ser niveles del amor:

- No desear a nadie lo que no deseo para mí (sería el mínimo nivel).
- Desear a otros lo que deseo para mí.
- Desear a otros lo que desean y necesitan los otros.
- Dar a otros lo que necesitan y no sólo lo que me gusta y me doy a mí.
- Dar a otros algo que yo necesito (y tal vez me quede sin ello), sin pasarles factura.
- No sólo dar sino darme tal como me necesitan. Darme tal como yo soy y mejorar mi persona para poder darme mejor.

¿En cuál de estos niveles estoy? ¿Respeto el pensamiento del otro? ¿Soy capaz de dialogar con los otros que son y piensan distinto de mí? ¿Le comprendo a pesar de ser diferente y distinto? ¿Comprendo los sentimientos del otro? ¿Siento con él y desde él?

El amor se hace gesto, cariño, servicio, ayuda dada y recibida. Pero el amor se hace también palabras después de las obras, palabras verdaderas que explican lo que doy y quién es el otro para mí. El amor se hace expresión de lo que yo soy, el amor se hace consciencia de que tú y yo hemos formado un nosotros. El amor conoce al otro, quiere al otro, siente al otro.

AMOR

Toda mujer, todo hombre se hace persona eligiendo su propia vida. En este sentido tenemos que captar si al elegir mi vida lo hago desde el amor, preguntándome: ¿Qué amo yo en la vida?, ¿a quién amo yo en mi vida?, ¿cómo amo yo? La respuesta dada a distintos niveles: amo cosas... mis libros... mis experiencias... mi trabajo... mis aficiones.... ¿Qué personas amo yo en la vida? ¿Si me hicieran una radiografía existencial aparecería el amor como la realidad mas nítida y más profunda de mi vida? El amor, eje de mi vida, significa que mi realización personal pasa por el hecho de amar. Si he amado, si amo, mereció la pena vivir, merece la pena y el gozo de amar. Mi vida vale lo que vale el amor. Dime lo que amas y te diré quién eres. Si en mi vida no hay amor estoy muerto, pero probablemente mi amor esté dormido, esperando que alguien lo despierte, que yo mismo lo despierte, para abrirse a la realidad. ¿Tu experiencia de amor te hace más libre o te esclaviza? Si te esclaviza es que no amas de verdad o que no has ajustado el amor a la realidad intra e interpersonal.

Estas consideraciones sobre el amor no deben desanimarnos si nuestra experiencia gusta la amargura de una cierta soledad o aislamiento, de una experiencia de desamor. Tal vez el amor ha pasado junto a nosotros con un lenguaje distinto del que esperábamos escuchar o, más dolorosamente, no ha pasado todavía aunque su semilla esté en mi corazón. Tal vez decidirse a amar es decidirse a vivir sin esperar respuesta, ya que el amor no se paga con amor, se da y se acoge, se ofrece.

Ejercicios: amor

1. Adopta la postura adecuada para una visualización relajada e imagínate con un candil o lamparilla de aceite, caminando los senderos de tu vida, descubriendo, tal vez en lugares ocultos, el amor plantado en diferentes rincones de tu existencia. Pon nombre, rostro situaciones a esos destellos del amor y déjales que te hablen

de ti mismo/a como de alguien amable, aunque no hayas sido todavía enteramente amado.

2. Imagina un lugar agradable y solitario en una playa..., la brisa, el sol, las olas del mar acariciando la arena. En la orilla de la playa han escrito, en grande, tu nombre y a continuación "te quiero". Deja que el dedo de la vida que ha escrito esa frase en la playa de tu existencia, te permita intuir tu origen y tu vocación humana y te motiven a descubrir los focos y situaciones de ese amor que hasta ahora ha podido ser anónimo.

3. Deja que la palabra amor recorra todo tu cuerpo, tus pies, tus manos, tus sexo, tu cabeza, tu corazón... Vete poco a poco empapándote como una esponja de esa experiencia amorosa que está en el fondo de tu ser, que quiere recorrer tu cuerpo, hacerse un sitio en tu historia y visibilizarse en tu existencia. Respira esa palabra con una confianza que supere situaciones de desamor, soledad, aislamiento. Intuye que tu corazón es más grande que las limitaciones que esas experiencias dolorosas han podido traerte.

13

TRABAJO

*"En el silencio...
siempre
trabaja en el silencio."*

José Luis Hassen. *Noviembre*

Rigoberta Menchú, Premio Nobel de la paz en 1992, cuenta en la verbalización de sus memoria –hechas a una antropóloga– que cuando tomó la decisión de trabajar adultamente (era sólo una niña) "le nació la conciencia". **Rigoberta** había trabajado prácticamente desde que supo andar, sin embargo, cuando se vio en una explotación injusta, equiparada a los trabajadores adultos y mal remunerada, le nació la conciencia. El trabajo nos da la conciencia de pertenencia a un mundo que hay que transformar. Trabajo es una palabra clave en la madurez de una persona. Como señalaba **Freud,** la madurez tiene dos dimensiones: amar y trabajar. Trabajar es crear, producir. Pero también convivir responsablemente con otras personas en la transformación del mundo y en la tarea de sustentar la vida. Trabajo es la respuesta adulta ante el reto de la existencia. Es tarea y posibilidad de ser personas dignas de tal nombre.

Trabajar es transformar algo haciéndome alguien. Si el trabajo es digno y justamente remunerado, operará en mí una progresiva humanización que da seguridad, aliento, responsabilidad y satisfacción. Y es que el trabajo es un lenguaje de la responsabilidad, de la justicia y el amor; además de ser una necesidad de supervivencia autónoma.

La palabra trabajo dice más que la mera ocupación; el esfuerzo o la energía es mucho más que la supervivencia o la autonomía: consiste en ofrecer tu hombro a la corresponsabilidad de elaborar un mundo humano. Trabajar es dejar una huella propia en la historia y en el mundo.

La palabra trabajo es tan importante que además de las tareas que nos introducen en el mundo profesional o ampliamente laboral, encubre, muchas veces, aspectos menos confesables del hombre que se ocultan bajo la capa del trabajo o del "tengo que trabajar". Esto significa que, al ser una palabra tan noble, el trabajo es admitido socialmente pero, tal vez desmesurada, desproporcionadamente a otras realidades humanas que necesitan tiempo y dedicación, mimo y cultivo en la vida integral de la mujer, del hombre. Vivimos en un mundo donde tener trabajo es ya una suerte, aunque no sea todo lo justamente remunerado o todo lo dignificador que debería, y al trabajador se le explote pidiéndole, a todos los niveles, nuevas prestaciones para hacer méritos ante sus jefes. Esa desmesura del trabajo en algunos y esa carencia en otros, con el fantasma del paro, convierten la palabra trabajo en una palabra codiciada y codiciosa. Encubridora de tiempos sustraídos a la familia, al crecimiento personal, al desarrollo armónico integral del hombre o de la mujer; trabajar es dejar, a pesar del anonimato y la frustración, tu energía en la vida. Empujar el carro de la historia, ojalá en dirección a aquellos valores que humanizan a la persona.

El trabajo puede vivirse como un castigo o como una oportunidad elegida por ti. Como un esfuerzo sin sentido o como un sentido en una vida que se esfuerza en ser humana.

Es muy antigua aquella anécdota de los tres canteros en el duro trabajo de tallar enormes piedras. Preguntado el primero sobre el sentido de su trabajo respondió, con las sofocadas quejas de la explotación, la amargura, el castigo y la inevitabilidad. Interrogado el segundo, contestó con el "ganarás el pan con el sudor de tu frente", sintiéndose orgulloso de que su esfuerzo aportase a su familia una mínima seguridad de satisfacción de las necesidades básicas. Ante la misma pregunta, el tercero, dejando por un momento de tallar la piedra, respondió simplemente: "estoy construyendo una catedral". El trabajo era materialmente idéntico para los tres canteros y sin embargo la interpretación, el sentido y la resonancia emocional era muy distinta en cada uno, como distintas eran sus motivaciones.

El trabajo es comunicación: estás diciendo a otros y con otros quién eres, aunque tu ser no se agote en el rol de trabajador. El trabajo no sólo te hace propietario de algo, sino que te da carta de ciudadanía en un mundo que está a medio hacer.

Ninguna mujer o ningún hombre sin trabajo y ningún trabajo que deshaga al hombre y a la mujer. Con esto quiero decir que hay unos trabajos que deterioran el mundo personal y humano y otros que construyen la persona centrada en una tarea.

Trabajar es encontrarse con otros, en grupo de esfuerzo, de tarea, de empujar juntos la historia hacia la vida justa y en paz.

El niño no debe trabajar; sería poner sobre él una palabra adulta demasiado pesada. El niño debe aprender a vivir del trabajo de otros para llegar a ser capaz de trabajar para otros.

El trabajo como tarea no debe invadir la vida, sino sustentarla. El descanso forma parte del trabajo, del rostro humano del trabajo.

Trabajar es insertarse en la realidad adulta sabiendo quién soy yo, qué puedo hacer yo, qué podemos nosotros. Armonizar pluralmente capacidades y necesidades.

En el neoliberalismo capitalista que vivimos, el trabajo es un instrumento de producción que no mira el destino universal de los bienes sino sencillamente el desarrollo de unos pocos en perjuicio de la mayoría. Ser oprimido a través de un trabajo injustamente remunerado no es lo peor de todo. Lo más terrible del desempleo es que está considerado por los que controlan el mercado como excedente de cupo de humanidad: no sirven ni para ser oprimidos, son personal sobrante que no interesa ni es rentable. El trabajo es la oportunidad de tener un estatus social, tal vez un enriquecimiento; si esto se realiza de espaldas al panorama social de escalas nacionales o mundiales, ese enriquecimiento deteriorará los valores personales y de la convivencia social.

Trabajar puede significar para unos fatalismo, para otros oportunidad, para algunos misión. Ver el trabajo como misión es ir más allá del esfuerzo hasta su sentido final. La mujer, el hombre, no será para el trabajo, sino el trabajo para el hombre y lo humano.

Pronunciando la palabra trabajo no podemos olvidar que genera también la cultura del ocio. En esta cultura los hombre y mujeres que gozan de ella tienen la oportunidad de completar todo aquello que el trabajo no le suministra en el crecimiento hacia la madurez personal y social. El ocio es también trabajo en otras áreas gratificantes de la persona e incluso es el darse permiso para no hacer nada, sencillamente contemplando, respirando, siendo. Esta dimensión también madura cuando equilibra el esfuerzo y el tiempo dedicado al trabajo.

El hombre y la mujer maduros, escribía **Maslow,** tienen el centro de interés fuera de ellos mismos: están centrados en la tarea. Aman su trabajo como lugar de realización personal y de encuentro humano. Centrarse en la tarea es tener además de un trabajo una causa por la que vivir. Es amar algo que está por hacer, fuera de mí pero que me interpela, compromete e implica. No todo trabajo es fruto de un pacto contractual. Hay trabajo nacido de la gratuidad que cada vez se extiende más en nuestro mundo a través de la palabra voluntariedad. Trabajos en los que nos encontramos ofreciendo, en un servicio gratuito, tiempo y energía para llegar a aquellos rincones de la sociedad a los que no llegan los poderes públicos o la normal atención de los ciudadanos. Trabajo y voluntariedad es la armonía de lo justo y lo nacido de la sensibilidad solidaria. Es lo debido a otros que no figuran como personas en los ordenadores públicos, cuyas necesidades no son más que un pequeño rastro de mala conciencia y culpabilidad en los que, de vez en cuando, se enteran de su existencia por la páginas de un periódico o las imágenes de la televisión más comprometida.

Es importante revalorizar en esta dimensión, como en todas las demás, la presencia creciente de la mujer en nuestro mundo que, sobre todo en algunas culturas, lleva el duro peso del trabajo familiar. El trabajo de la mujer en casa, en la rutina cotidiana no valorada en los mercados y bolsas de trabajos, es el que pedagógicamente inicia a los hijos en un compromiso fraterno con las tareas necesarias para dignificar la vida.

Trabajar no es sólo producir. Hay aspectos creativos que casi no parecen trabajo por la motivación del que los ejerce y la belleza y el valor que surgen de ellos. Crear es la gran vocación de la mujer, del hombre. Es verdad que la creación exige el aprendizaje que sólo a través del trabajo constante puede realizarse. Trabajar para crear sería la realización personal en la que la satisfacción estaría impresa en el mismo hecho de hacer.

Aspectos como la corresponsabilidad en la toma de decisiones, el cultivo del mantenimiento y de la tarea en el grupo laboral, la participación común en los objetivos de la empresa, etc., elevan al trabajo motivando la libertad de los que con su esfuerzo colaboran en llevar algo adelante. Ofrecer un rostro digno al trabajo, sin manipular al trabajador ni ofrecerle la posibilidad de ser un manipulador, es realizar la tarea con una estatura humana, e ir creando un mundo en el que los niños de hoy vayan a tener su sitio, sin la lucha feroz de arrebatarse unos a otros la herramienta que necesitan en la vida. Motivar para el trabajo es tener en cuenta las capacidades de cada uno y las necesidades de todos. La retribución justa no debe desmesurar el dinero como único valor sino las posibilidades de servicio con su dimensión constructiva de la ciudad humana.

Ejercicios: trabajo

1. Prepara tu cuerpo y date cuenta de qué palabras brotan de él, de su experiencia somática, como si salieran de tu cuerpo burbujas de aire, escucha tres o cuatro palabras significativas en este momento de tu vida. Date cuenta de si el trabajo aparece en alguna de ellas. Ordena esas palabras jerárquicamente y observa si estás satisfecho con ese lenguaje de tu cuerpo. Date cuenta de si el trabajo te agota o te realiza. Es conflictivo o lugar de encuentro y colaboración. Es comprendido o tienes la vivencia de resultar en él un número, una huella insignificante no valorada por nadie. Observa tu propia valoración del trabajo; date cuenta de tu energía y cómo desearías encauzarla de una manera a la vez realista y productiva.

2. Pregúntale a tu cuerpo por su cansancio. Observa si es su tónica y hazte consciente de cómo le proporcionas descanso: ¿evasivamente?, ¿insanamente? ¿adecuadamente? Observa si en tus espacios de descanso cultivas valores que no tienen oportunidad, lugar o sitio en el mundo laboral en que te mueves.

3. Date cuenta de qué estas haciendo con tu trabajo, hacia dónde diriges tu energía principal y qué otras cosas podrías hacer si empleando más racionalmente el tiempo tuvieras espacios en los que el trabajo se convirtiese en servicio voluntario. Observa la dirección de tus deseos, el rostro de aquellas personas a las que puede llegar tu presencia transformante, testimonial, hasta cierto punto eficaz.

14

DOLOR

*"con la respiración de puntillas,
esperaré que pasen sus noches,
que pasen sus días,
agazapado en la dobladura del miedo...
encogido de sombra..."*

José Luis Hassen. *Noviembre.*

El dolor es un dato de la vida, uno de los grandes retos para la madurez. El dolor, tarde o temprano, no podremos esquivarlo del todo. El dolor, con la soledad profunda que lo acompaña, es una prueba de fuego para la madurez. Nuestra persona se consolida al pasar por él o se quiebra en mil pedazos rompiendo el gozo, la alegría, el bienestar, la salud, la libertad, el sentido de la vida, la comunicación, etc. Ser maduro pasa siempre por saber integrar el dolor y el gozo.

El hecho de que en el dolor se puedan dar pasos de gigante en la maduración personal no nos autoriza a buscarlo desde un masoquismo insano o un torturado y tortuoso sentido de la vida.

Cuando hablamos de dolor, detrás está la palabra **mal**. Dolor es una palabra pluridimensional que abarca fuentes de malestar que pueden ir desde lo físico a lo social pasando por lo psíquico, lo emocional, lo moral, lo familiar, lo religioso. Nos puede doler un brazo, un desamor, la desorientación de un hijo, el paro de una parte de la sociedad en que vivimos, la injusticia, la deshonestidad, el pueblo que sufre, el sin sentido de la historia.

Creemos que el dolor es un accidente de la vida y que la humanidad debe intentar erradicarlo. Pensamos que el dolor es una situación provisional que no pertenece a la vocación del hombre sino a su sendero histórico: al azar, a la finitud, y a la mala volutad humana. Que puedan causarlo el azar, la limitación, el error y la mala voluntad, explican que no tengamos que echar la culpa a los dioses. Malos dioses serían si tuviesen esa complicidad con el mal.

El hombre, en su necesidad de autocomprensión, no sabe colocar el dolor buscando en el fatalismo o en una extraña complicidad de Dios la explicación de lo radicalmente inexplicable.

Escribe **León Felipe** en *Nueva Antología rota*:

> *Estoy aquí otra vez*
> *para subrayar con mi sangre*
> *la tragedia del mundo,*
> *el dolor de la tierra,*
> *para gritar con mi carne:*
> *Ese dolor es mío también (...)*
> *Lo primero fue el barro...*
> *¡la consciencia del llanto!*
> *¡el dolor de la tierra! (...)*
> *Dios es el llanto de los hombres (...)*
> *Toda la luz de la tierra*
> *la verá un día el hombre*
> *por la ventana de una lágrima..."*

DOLOR

Nos sorprende que en muchas personas la experiencia del amor y de la vida sean más fuertes y decisivas que la del dolor y la muerte[8].

El dolor está sembrado en el sendero histórico del hombre y aparece en forma de estímulos dolorosos, de fuentes de dolor que generan pensamientos sufrientes, emociones dolorosas, gestos que duelen y hacen doler.

Abarcando tanto espacio de las mujeres y los hombres, no podemos cerrar los ojos a su realidad amenazante. Ante el dolor, tal vez ayude en una apresurada simplificación recorrer estos pasos:

1. **Reconocerlo**: llamarlo por su nombre, identificarlo, saber en qué consiste (dolor físico, psíquico, existencial, social...).

2. **Dialogar con él**: saber de dónde viene, a dónde va y de qué nos habla o avisa. Cada dolor es un mensaje de algo o alguien que no va bien. Es importante escuchar este mensaje para hacer de la experiencia dolorosa un sabio aprendizaje. Hoy tenemos tendencia a quitar el dolor antes de enterarnos de su mensaje. No escuchamos todo lo que nos está diciendo, lo evitamos, huimos sofocándolo momentáneamente y no nos damos la oportunidad de curar no sólo el dolor, sino la enfermedad, no sólo la enfermedad, sino al hombre o la mujer enfermos y su sistema vital insano. El dolor está hablándonos de un sistema personal y social que tal vez esté en el origen del sufrimiento.

3. **No convertirlo en sufrimiento cuando sólo, y nada menos, es dolor**: interpretarlo correctamente sin aumentarlo ni darle más poder del que ya de hecho tiene. Frecuentemente convertimos el dolor, del tipo que sea, en sufrimiento, proyectándolo en el tiempo, augurando una

---

8. Para ampliar este tema cf. García-Monge J. A. (1996), *El manejo del dolor en psicoterapia* en, *El cuerpo vivenciado y analizado*, C. Alemany y Víctor García (Eds.). Desclée De Brouwer, Bilbao.

duración desproporcionada o una gravedad desconocida y amenazante. El dolor es el dolor, la interpretación que hacemos con todos los elementos de nuestra biografía genera, frecuentemente, sufrimiento. El dolor puede quemar una parte de nuestro cuerpo. El sufrimiento deteriora la persona entera.

4. **Responsabilizarnos de él**: ver la medida en que somos no sólo pacientes sino agentes del dolor propio o ajeno. No proyectar fuera sus causas o responsabilidades cuando nuestro modo de vivir es protagonista o cómplice de ellas. Responsabilizarme del dolor no es sentirme culpable de él, lo que aumentaría el sufrimiento; el dato dolor es saber profundamente qué puedo hacer yo enfrentado a este dolor personal o social, físico o moral. ¿Qué ayuda puedo pedir para erradicar el dolor de una manera correcta, no sólo acallarlo y anestesiarlo?

5. **Liberarnos de él sin causarnos ni causar peores males. Erradicar el dolor sin cambiarlo de sitio o por otro y sin destruir el rostro humano de la vida.** Podemos, indirectamente, liberarnos del dolor o al menos disminuirlo, hacer crecer nuestros recursos personales, nuestros valores, no sólo el umbral de resistencia al dolor sino la magnanimidad ante él.

6. **Madurar en él o a pesar de él. Saber existencialmente que somos más grandes que nuestro propio dolor.** Esto no es una frase optimista, sino el realismo de la mujer o el hombre que se saben poseedores de recursos no estrenados por la novedad de los estímulos dolorosos que acontecen en su vida. Más grandes que nuestro propio dolor significa que la capacidad de amar puede, si no paliar nuestro dolor, al menos enmarcarlo de tal forma que permanezcamos personalmente vivos en circunstancias en las que otras personas derrumban el edificio existencial. La relación amor dolor no tiene nada que ver con sadismos y masoquismos, sino con energía y fuerza que puede ser mayor en su construcción del

hombre, de la mujer, que la capacidad de destruir que tiene siempre el dolor.

Ejercicios: dolor

1. Sentado en el camino de tu vida deja que pasen por él dolores que han ido atravesando tu existencia. Escucha su mensaje, no quieras racionalizarlo ni amaestrarlo. Déjalo abierto en interrogantes si no encuentras respuesta, pero cae en la cuenta de los recursos de dentro o de fuera que te ayudaron en cada momento a pasar vivo/a por el dolor concreto.

2. Observa tranquila y reposadamente, en la distancia de tiempo y espacio, dolores que has experimentado comparándolos con el sufrimiento originado por la interpretación personal de los mismos. Date cuenta de cómo el dolor era un dato real y tal vez lo acrecentaste con pensamientos y dimensiones que sobredimensionaban el dolor perpetuándolo en tu imaginación o agrandándolo en tu temor. Observa tu tendencia al catastrofismo. Si es así, date cuenta de la realidad con una mirada más neutral y dialogante con ella.

3. Establece en tu cuerpo, mente, corazón y espíritu la relación dolor-amor. Observa que el dolor puede impedirte sentir amor, pero no puede prohibirte amar: amarte y amar. Dite a ti mismo/a: "soy más grande que mi dolor". Mi amor es más fuerte que mi dolor. Mi capacidad de vivir, disminuida por el dolor, puede renacer en un amor testimonial y liberador.

15

GOZO

La madurez pasa por la integración personal del dolor y del gozo. La palabra gozo nos adentra en el difícil arte de mezclar bienestar, alegría, placer, libertad y paz.

El gozo se produce cuando coinciden por arte, sorpresa, regalo o trabajo personal, una serie de variables que generan un **estado de ánimo** lúcidamente sosegado, que satisface o remansa la necesidad y el deseo.

El gozo no es estrepitosa alegría, pero está hecho de alegría; no es instintivo placer, pero se experimenta placenteramente; no es el éxtasis del triunfo, sino el encuentro sereno con uno mismo; no es todavía la paz, sino su aurora.

El gozo nos da la libertad de vivir el presente, el aquí y el ahora. El gozo nos capacita para estar en contacto con nosotros mismos, y, a la vez, libres de nuestros propios yos, con los demás.

El gozo está hecho de silencio y de palabras, de pequeña grandeza y del instante casi eterno.

La alegría produce risa, el gozo sonrisa. El gozo tiene que ver con la experiencia psicosomática de la armonía del dentro y del fuera, de lo que fui, soy y quiero ser. El gozo nace de la dimensión espiritual de la mujer, del hombre, alentando un estado de ánimo compatible con problemas y dificultades, pues el gozo se dará a un nivel más profundo que esos problemas y dificultades.

El gozo supone reconciliación con uno mismo. Buena relación con nuestro propio ser y el momento existencial en que captamos ese ser de una manera positiva y alegre.

A veces tenemos miedo al gozo, no nos permitimos gozar. Como experiencia madura gozar indica:

1. que buscamos gozo, lo encontramos, cultivamos y somos capaces de experimentarlo sin trabas.

2. que protegemos ese gozo no dando poder a demasiados estímulos para alterarlo negativamente.

3. que dejamos fluir el gozo sin interrumpirlo sin pensamientos o emociones irracionales o disfuncionales.

4. que aprendemos a vivirlo a través de los acontecimientos a los que estamos abiertos y en contacto con el caudal personal de gozo que poseemos interiormente.

El gozo ahuyenta los miedos y temores que tan frecuentemente lo interrumpen y amenazan. Muchas personas viven en un castillo interior poblado de horribles y atemorizantes fantasmas. El gozo sereno en momentos de la vida y como música de fondo de la existencia, aumenta la confianza básica en nuestra capacidad de gozar. Despojarse de ideas irracionales que nos impiden el gozo es una tarea ardua y laboriosa. Desmontar emociones disfuncionales que ahogan el gozo es la posibilidad de encontrar nuestra verdadera naturaleza en aceptación y esperanza.

Aprender a gozar como un niño, tan espontánea y corporalmente, no es nada fácil. El crecimiento hacia la adultez en una cultura del bienestar, la abundancia que cada vez tiene más cosas y cada vez sabe gozar menos, nos hace olvidar la dimensión gozosa de la existencia. Se dice que el hombre de hoy sabe divertirse pero ignora el gozo, o lo que es lo mismo, celebrar la vida. Una cultura de la diversión versus una cultura de la celebración. El gozo no nace de lo que tengo sino de lo que soy o, mejor dicho, de lo que descubrimos ser y somos de una manera compartida. Se tarda muchos años en aprender a ser joven. Se necesita tiempo, amor, sabiduría, renuncia y ganas para aprender a gozar con un corazón pobre, abierto y sencillo.

El gozo tiene que ver con el manejo de lo cotidiano, de las pequeñas cosas que nos reconcilian con la realidad y describen nuestra vida con minúsculas. El gozo del contacto con la naturaleza, con la soledad habitada, con la belleza, con la generosidad que nos sorprende, no se enseña en las Universidades, se aprende en la vida. La capacidad de gozar no se gasta, cuanto más se experimenta más rebrota para nuestra propia satisfacción y apertura a los demás.

El gozo nunca es a costa de otros; es la risueña sabiduría de intuir que la vida es más de lo que hago y que lo que hago es mayor de lo que podemos sospechar, pero siempre menor de lo que soy. El gozo tiene que ver con el sentido del humor, con la sonrisa que se ríe de sí mismo y que se abre a la seriedad de la vida mostrando su lado pequeño, lúdico, divertido, entrañable.

El gozo se enseña, se comparte, se aprende, se puede pedir o dar prestado, se puede regalar e indicar el camino hacia él que, a veces, pasa por la renuncia a aquellos pseudogozos artificiales que no producen auténtica y verdadera satisfacción. El gozo es una fórmula de libertad. Somos libres para gozar. Liberamos en otros la capacidad de gozar y de abrirse a perspectivas insospechadas de la vida, la pequeñez de lo cotidiano o la grandeza de lo inesperado y sorpresivo.

Saber gozar indica la madurez de la persona. Anuncia que esa mujer o ese hombre han aprendido a amarse y a amar.

Existe una enfermedad tipificada en psicología, la anhedonia o incapacidad para el disfrute y el gozo. Puede curarse pero necesitará en su tratamiento algo más que consejos prácticos o conductas eficaces. Ese algo más está sin descubrir todavía dentro del hombre y tiene una estrecha conexión con aspectos cognitivos, conativos, emocionales, en definitiva,

existenciales y de sentido. Aprender a gozar es aprender a vivir, sabiendo que para una gran mayoría la vida deparará pocos gozos si no se sabe cultivar los auténticos valores más que los "valores" que cotizan en bolsa.
Para el difícil arte de gozar es necesario aprender a ver y a contemplar. A ver con los ojos y contemplar con el corazón, sabiendo que lo invisible solamente se ve con el amor.

Ejercicios: gozo

1. Después de una breve preparación corporal deja que te vengan imágenes de momentos gozosos de tu vida. Date cuenta de qué estaban hechos y cómo los integraste en tu persona. Aprende de ellos a gozar en tu presente aunque las circunstancias lo hayan cambiado.

2. Imagina que ves desde un acantilado el amplio panorama del mar. Visualizas su color azul verdoso, respiras la brisa y te dejas relajar suavemente en esa contemplación armoniosa. Ahora visualízate descendiendo por unas escaleras talladas en la roca hacia una pequeña playa, una cala de arena fina donde rompen suavemente las olas hasta acariciar tus pies. Paseas por la playa y descubres en un ángulo rocoso la entrada a una caverna. Entras en ella y recorres un camino guiado por la luz que llevas en tu linterna. Al fondo de la caverna vas a encontrar un espacio amplio donde una persona sabia, un hombre o una mujer, te espera para contestar a preguntas vitales. Te acercas a esa persona y le pides que te enseñe a gozar en la vida, de la vida. Le prestas tus palabras y escuchas el camino existencial que te llevará al gozo. Tal vez en algún momento te asustes, porque ese camino estará hecho de algunas renuncias, reorientaciones, valores. Indícale las trabas que experimentas para gozar en lo cotidiano o en momentos puntuales. Que tu maestro/a interior te indique cómo puedes encontrar dentro de ti y compartir un inmenso caudal de gozo.

3. Imagínate algo que te produzca un gozo profundo y date cuenta de qué niveles de tu ser vibran con ese gozo. Observa si ese gozo lo puedes vivir al aire libre, compartir y si te da ocasión de experimentar amor hacia ti mismo y hacia los otros. Date cuenta de si en ese gozo estás celebrando algo o alguien, o solamente te estás divirtiendo. Busca la situaciones humanas que puedan proporcionarte pequeños goces y cultívalas protegiéndolas de todo aquello que les amenaza dentro y fuera de ti.

16

TENER

Vivimos en una cultura del tener. Valoramos al hombre y a la mujer por lo que tienen, no por lo que son. El tener da acceso a parcelas privilegiadas de la sociedad, que profesan un culto al tener que cuenta con numerosos adeptos.

Tener es una palabra necesaria y peligrosa. Hemos de pronunciarla frecuentemente en la vida pero, atención, debemos aprender a hacerlo de una manera prudente y realista.

Sin tener algo es difícil ser, teniendo mucho es casi imposible.

Difícil equilibrio: tengo lo que necesito de verdad para ser y me libero de aquello que me lo impide. Llegar a esta armonía hecha de metas y renuncias no es fácil en el proceso de maduración personal, inseparable del social.

El problema del tener es el problema de la identificación. Yo tengo: nombre, apellidos, ciencia, saberes, cargo, estatus, dinero, poder... De tanto decir "yo tengo", acabamos equivocándonos y afirmamos "yo soy". Todo eso que tenía, ha sustituido a mi ser más auténtico, lo ha destronado y se erige ahora, autoritariamente, en norma de vida, de éxito, de triunfo. Como si el médico auscultara el ropaje que llevamos para conocer la salud de nuestro organismo.

El tener no solamente es la posesividad real y conseguida, sino un subrepticio dinamismo intencional. Se puede pasar la vida ambicionando el tener y frustrado por no lograrlo. No mitifiquemos a los pobres. Es verdad que muchos de ellos, teniendo muy poco, han logrado un ser de estatura humana importante y asombrosa.

Un cuento de **Tony De Mello** ilustra esta realidad. Se trata de tres novicios budistas que caminan por la selva hacia un monasterio, en humilde y devota peregrinación. Al llegar al margen de un caudaloso río e intentar pasarlo por un vado, encuentran una bellisima joven atemorizada por la impetuosidad de la corriente. Ella les pide que por favor le ayuden a pasar el río. Uno de aquellos fornidos novicios la toma en sus brazos y cruza el río por el vado, depositándola en la otra orilla y despidiéndose de ella. Los tres novicios budistas prosiguen su camino hacia el monasterio y uno de ellos, observante y puro, no deja de murmurar constantemente: "has tocado a una mujer, la has cogido en tus brazos, has tenido contacto con su piel". El camino continúa y el novicio observante no cesa en sus reproches e interpelaciones. Al cabo de tres días, el fornido novicio que había ayudado a pasar a aquella joven el caudaloso río, se para y dirigiéndose al observante le dice: "tienes razón, toda la razón. Yo ayudé a la joven a pasar, cogida en mis brazos, el vado de aquel río, pero entre tú y yo hay una diferencia: yo la dejé en la orilla y tú llevas tres día y tres noches con ella".

El tener nos clasifica en la sociedad en que vivimos, nos separa, nos defiende de los otros. Cuanto más espeso y denso sea el tener menos transparentará el ser. Se convertirá en un muro, con una alambrada espinosa que impide ver lo que somos y llevamos en el corazón. "Que mis hijos tengan... más que sean". Es legítimo desear un nivel de vida gratificante y seguro para aquellos a los que queremos, sin olvidarnos de los que están más allá de las fronteras de nuestro corazón. Pero con esta pequeña regla: las necesidades de los míos antes que las de los demás, las necesidades de los demás antes que los caprichos de los míos.

La antigua sabiduría bíblica ya nos previene: "donde está tu tesoro, allí estará tu corazón". El problema es quién valora, quién decide lo que de verdad es para nosotros un auténtico tesoro. Lo valoran los criterios socioculturales de una sociedad burguesa, ¿lo deciden los principios de un capitalismo salvaje...? ¡Cuántas cosas no necesito! Esta expresión de un sabio griego podríamos aplicárnosla nosotros si de una manera libre, liberada y liberadora, nos paseásemos por los grandes mercados de nuestros primeros mundos.

El tener llena la casa, los bolsillos, pero frecuentemente vacía el corazón. No es nada infrecuente encontrar personas que lo tienen todo o casi todo y experimentan a la vez un inmenso y angustiante vacío existencial. No parece lógico y sin embargo lo es en su realidad más honda.

En la sociedad del bienestar confundimos bienestar con **bien ser** por culpa del tener. No se trata para paliar la invasión del tener, de renuncias ascéticas, sino de una cultura de la austeridad que hemos de promover y gozar en actitud solidaria. El gozo del compartir nos permitirá pasar del tener al ser. Frecuentemente creemos que tenemos cosas y en realidad somos tenidos por ellas; casi diría esclavos de ellas. El tener cosifica, me lleva a un estilo de vida en que la persona no es VALOR, sino que erigimos los metros cuadrados de sus posesiones en títulos honoríficos que, en realidad, encierran al hombre o a la mujer en la cárcel de sí mismos.

Trabajar para tener y ser para trabajar es un círculo vicioso que, si en ocasiones es inevitable, podemos romper abriéndonos a una moderación existencial en el tener que nos permita establecer unos valores y vivenciar el ser.

Necesitamos cosas, no debemos apearnos de lo que hace la vida más fácil y descansada, pero la sociedad de consumo nos crea sin cesar necesidades para que sigamos motivados por el tener.

Ser maduros consiste en no pretender llenar los huecos del espíritu con cosas superfluas. Aprender la sabiduría del tener es el equilibrio entre necesidad, deseo, renuncia, libertad de ser lo que somos con el gozo que podamos cultivar en nosotros mismos y en nuestra vida compartida.

Una cultura del tener, es caldo de cultivo de la competividad, la ambición, el olvido del Ser y del caminar, con modesta, pero real felicidad. Este cuento que escuché a **Tony De Mello**, lo expresa:

> *Al pasar un barbero bajo un árbol embrujado oyó una voz que le decía: "¿te gustaría tener los siete tarros de oro? El barbero miró en torno suyo y no vio a nadie. Pero su codicia se había despertado y respondió anhelante: "Sí, me gustaría mucho". "Entonces ve enseguida a tu casa, dijo la voz y allí los encontrarás". El barbero fue corriendo a su casa. Y en efecto: allí estaban los siete tarros, todos ellos llenos de oro, excepto uno que estaba medio lleno. Entonces el barbero no pudo soportar la idea de que su tarro no estuviera lleno del todo. Sintió un violento deseo de llenarlo; de lo contrario no sería feliz.*
> *Fundió todas las joyas de la familia en moneda de oro y las echó en el tarro. Pero éste seguía igual que antes: medio lleno. ¡Aquello le exasperó! Se puso a ahorrar y economizar como un loco, hasta el punto de hacer pasar hambre a su familia. Todo inútil. Por mucho oro que introdujera en el tarro, éste seguía estando medio lleno.*
> *De modo que un día pidió al Rey que le aumentara su sueldo. El sueldo le fue doblado y reanudó su lucha por llenar el tarro. Incluso llegó a mendigar. Y el tarro engullía cada moneda que en él se introducía, pero seguía estando obstinadamente a medio llenar.*
> *El Rey cayó en la cuenta del miserable y famélico aspecto del barbero. Y le preguntó: "¿Qué es lo que te ocurre?" "Cuando tu sueldo era menor parecías tan feliz y satisfecho y ahora que te ha sido doblado el sueldo, estás destrozado y abatido. ¿No será que tienes en tu poder los siete tarros de oro?" El barbero quedó estupefacto: "¿Quién os lo ha contado, Majestad?", preguntó.*
> *El Rey se rio. "Es que es obvio que tienes los síntomas de la persona a quien el fantasma ha ofrecido los siete tarros. Una vez me lo ofreció a mí y yo le pregunté si el oro podía ser gas-*

tado (cf. **compartir**) *o era únicamente para ser atesorado; y él se esfumó sin decir una palabra. Aquel oro no podía ser gastado. Lo único que ocasiona es el vehemente impulso de amontonar cada vez más. Anda, ve y devuélveselo al fantasma ahora mismo y volverás a ser feliz"*.

Ejercicios: tener

1. De una manera relajada me preguntaré, paseando esta pregunta por mi cuerpo, a qué doy poder de satisfacerme en la vida. Qué apegos tengo a las cosas que utilizo y si de verdad me sirven o las sirvo.

2. Imagínate un mercadillo mágico en el que se puede comprar de todo sin dinero. No solamente cosas materiales, sino también inmateriales: dimensiones personales, cualidades, salud, cultivo espiritual, valores, etc. Visualizo mi paseo por ese mercadillo lleno de colores, puestos, gentes que van y vienen compran, curiosean y venden y me pregunto qué necesito de verdad para mejorar la calidad humana de mi vida. Cuando haya, reposadamente, respondido a esta pregunta, me pasearé por el mercadillo mágico comprando aquellas realidades que permitan un crecimiento a mi persona y se abran a los otros en una solidaridad compartida. ¿Qué compro? Observaré que de todo aquello que compro, si mi elección es adecuada, tengo ya algo, en realidad o deseo, y me va a permitir **ser** a la vez que experimento el tener como una mediación necesaria para la vida.

3. Visualízate pudiendo dar a los demás lo que de verdad creas que va a mejorar su existencia personal. Hazte consciente de lo que das como si fueras dueño de todo eso que los otros necesitan o desean y observa si lo que transmites favorece su crecimiento personal o, autoengañosamente, lo dificulta. Respira reflexionando y ahondando en tu ser y ofrece a los demás lo que tenga auténtico valor.

17

MADRE, PADRE

Una asociación libre de la resonancia que puedan tener para nosotros las palabras madre y padre, aunque desde un tronco común tengan diversificaciones muy importantes y significativas, nos generaría ecos como: vida, poder, amor, herencia humana, rechazo, incomunicación, culpa, encuentro, dependencia, libertad... Madre y/o padre son palabras no elegidas pero elegibles. Palabras aprendidas que muy tempranamente aparecen nombradas en el elemental vocabulario del niño o la niña. Palabras muy difíciles no de pronunciar sino de vivenciar. Ambivalentes; muy pronto aparecerán en el hijo o la hija emociones ambivalentes que van de la necesidad al deseo, del amor al odio.

El rol de padre y madre consiste, ante todo, en la generación y transmisión de vida. Esta vida no sólo es biológica sino también psicológica, humana y social. No son únicamente padres los que han intervenidos en la concepción biológica, sino, sobre todo, en el acompañamiento del hijo; los que son capaces de dar y darse: vivir para el otro, con el otro, ante el otro, desde sí mismos.

El rol de madre y de padre lo ocupan dos personas con sus historias psíquicas al hombro, con sus biografías existenciales y con el aprendizaje temprano, en sus propios padres y madres, de lo que este rol conllevaba y expresaba. Cuando una madre da a luz, se da a luz a sí misma como madre. Esto supone un aprendizaje de un rol simbólico que no va a delimitarse en horas laborables o de contacto físico, sino que va a estructurar toda la persona en relación con el hijo, compatibilizándose con otros roles y relaciones. Entramos así en ese difícil equilibrio entre necesidades personales y exigencias del rol. Un equilibrio que en ocasiones, muy frecuentes, puede ser para muchas personas conflictivo. Armonizar necesidades personales, deseos, frustraciones y el dolor y el gozo que genera ese rol, no es nada fácil. Aprendizajes mal hechos de personas que ejercitaron el rol de "padres" más con estructuras culturales que con el dictado de su corazón, dificultan este aprendizaje que hay que redimensionar en la nueva experiencia de maternidad y paternidad. Los padres no son sólo padres; son, a la vez, muchas dimensiones diversas expresadas en distintos roles: trabajadores, a su vez hijos, pareja, necesitados de descansos que puedan estar estructurados en un rol, etc. Cuando nace el hijo o hija, todo cambia de lugar. La triple función de la madre y del padre es hacerse cargo de los hijos, encargarse de los hijos y cargar con los hijos, no como algo que tengo, sino como alguien que es y crece a mi lado a través de una relación conmigo, con nosotros y con la vida.

Padre es "el que tiene hijos". Muchas veces podríamos afirmar que es el que es tenido como tal por los hijos: como padre o como madre. La relación con los hijos genera un sistema familiar, un sistema de relación que puede ser, citando una vez más a Martin Buber, yo-tú o yo-ello. La madre y el padre, si quieren serlo de verdad y sanamente, deben tuificar al hijo. Irle haciendo un tú y para eso necesitan ser ellos mismos ante él y con él. Cosificar al hijo, darle cosas, dejarse guiar en la relación por la sociedad de consumo (día del padre, día de la madre),... tener hijos puede ser una posesividad racionalizada, un encargo incómodo.

Aprender a ser madre o padre supone:
1. Consciencia de la necesidad de aprendizaje.
2. Motivación sana y auténtica.
3. Ser persona, pareja. Padres es algo singular vivido pluralmente. Es cierto que, cada vez más frecuentemente, se dan madres, e inclusos padres "solteros". Que la cultura y la sociedad dificultan este rol con separaciones y divorcios. Que en la postmodernidad se han intercambiado de tal manera los roles que muchos padres hacen de madre y muchas madres hacen de padre.

Ser padre o madre es muy distinto y complementario de cara al hijo/a. Es diferente porque el padre, profundamente estudiado por **Freud**, supone muy pronto para el niño una expresión de lo que internalizadamente vamos a llamar superyo. Normas, prohibiciones, reglamentos, poder. Ser madre nos evoca el útero, nos remite al pecho bueno que alimenta nuestra hambrienta ansiedad. Para **Jung**, este rol de madre cobrará en su extensa obra mucha más importancia como arquetipo y presencia securizante y acogedora. Desde esas características diversas no es fácil intercambiar los roles y ejercitar cada uno de ellos con flexibilidad, ofrecimiento de seguridad básica, amor estimulante, relación gratificante. El arte de ser madre o padre no se enseña en la Universidad y sin embargo es una de las tareas fundantes que más marcan el estilo de una persona y, por adición, el talante de toda una generación.

Es verdad que estamos reflexionando sobre esas palabras fundantes, madre, padre, como realidades existentes y haciendo un *wishful thinking*, pensamiento desde el deseo, una descripción positiva cuando la realidad nos da datos frecuentemente negativos, vividos objetiva o subjetivamente en la experiencia del hijo. En psicoterapia, a lo largo de los años, he oído tantas expresiones de dolor, de incomprensión, de rechazo e incomunicación experimentadas por el que se remontaba en el curso de la historia hasta su infancia cercana a los padres, que me hacen pensar que, aunque yo haya tenido unos padres que considero maravillosos, buenos y amorosos, no es lo más frecuente ni lo más generalizado. Las experiencias de abandono, de desvalimiento, de sentirse, tal vez subjetivamente, no deseado, son estructurantes de nuestros primeros contactos con la realidad del universo, que son para el niño y la niña sus padres. Existe situaciones peores: niños y niñas que tienen que inventarse padres porque no los han tenido y no por una orfandad prematura, sino por una decisión injusta, brutalmente social, que les ha arrojado a la calle. Cifras como ocho millones de *meninos de rua* en Brasil y tantos y tantos millones de niños en el mundo que han nacido y vivido en la calle, que han sido utilizados y manipulados para el sexo, la droga, la delincuencia. Estos niños han tenido que inventarse unos padres con autoengaños y realismo agresivo y violento ante la descarnada realidad que sus sentidos perciben. La ausencia de los padres no es lo peor. Lo más dramático es la presencia deteriorante que aniquila al niño, que le hace, no solamente alguien indiferente a lo más profundo de los padres, sino alguien incomodo, que estorba, que, en definitiva, se califica de **malo**. Ésta es la razón por la cual **Melanie Klein** explica ese mundo fantástico que, habitado por padres, viene a satisfacer imaginariamente necesidades básicas en el niño/a; ese mundo irreal viene a ser para el pequeño ser humano más real que su propia e inhóspita realidad.

La madre es, cronológicamente, el primer universo del hijo. El padre aparecerá en ese universo con las características que su persona y su relación con el niño le perfilen. Se trata de un universo no cerrado sino abierto. Ser padres en una cultura cambiante, en una vida mayor que la familia, con trabajos exigentes y que ocupan la mayor parte del día, caracteriza a tantas generaciones de hijos y dificulta, o al menos condiciona, la manera en que el niño simboliza un universo afectivo.

Es necesario que la madre, el padre, aprendan a ser evolutivos, es decir, padres de un bebé, de un niño, de un adolescente, de un joven, de un adulto. Deberían existir modelos internalizables de ser padres por etapas y con un estilo que, siendo coherente para no desorientar al niño, fuera también cambiante, adaptándose a la realidad creciente del hijo. Aprender los distintos lenguajes del amor es aprender a cambiar con fidelidad y coherencia. Algo muy difícil. Tratar al hijo no como si fuera mayor "cuando no lo es", sino de tal forma que pueda llegar a serlo. Ser padres es la escuela primaria del amor y al mismo tiempo el aprendizaje de la vida socializada que encuentra posibilidades y límites, cercanías y distancias, ternuras y agresividades que van a preparar al niño, con realismo, para una vida social más amplia e intensa.

Ser madre o padre es aprender a **comunicarse**. Esto supone escuchar y escucharse, observar, ver, intuir. Dialogar de verdad. Ser autenticidad y flexibilidad ante el hijo. Expresar sentimientos que pueden ir desde la ternura a la incomodidad, desde la caricia al abrazo. Dar al niño feed-back para que vaya comprendiendo que sus conductas tienen una huella en los otros y un resultado. Aprender a premiar y castigar con moderación y eficacia, amando siempre la bondad del niño, censurando puntualmente su conducta errónea.

La palabra fundante *padres* conduce, desde la dependencia social necesaria para la supervivencia, a la progresiva autonomía del hijo. Hay que saber ser padres cuando el hijo es dependiente y ser padres también como fuente de libertad que permite la autonomía del hasta ahora niño. Esto excluye la posesividad, la sobreprotección, la permisividad, o el abandono cansado del rol de padre evadiéndose en la televisión o refugiándose en un mundo ajeno al hijo. En los padres no hay "neutralidad", sino opciones abiertas al crecimiento. Enseñar la *libertad para*, no sólo la *libertad de*, es una tarea urgente, que irá dando resultados progresivamente. Esta libertad psicopedagógica pasa por la normatividad en el interior de la familia; es una libertad progresiva, razonada, razonable. Una libertad de expresión que limita con el respeto, la dignidad y los derechos de los otros.

El conflicto originado por vivenciar el niño a los padres como gigantes en su pequeño universo, como limitadores de su principio de placer, puede ser sanamente encauzado cuando se experimenta a los padres como modelos de identificación. Esto no consiste en ser una repetición de ellos, sino en saber quién soy mediante la observación: primero el mimetismo, después la interiorización de quién es mi padre, quién es mi madre y quién, con ellos y ante ellos, quiero ser yo.

Ser padres es un don y una tarea. Más que decir se es padre o madre deberíamos afirmar que se deviene madre o padre. El punto de arranque biológico no es más que el comienzo de una tarea que durará, con diferentes estilos y talantes, toda la vida. La fuerza de la carne y la sangre ayudarán en esta tarea en la que un amor lúcido y respetuoso pueden otorgar la posibilidad de crecimiento armónico al hijo/a.

Ser padres es un rol de poder y también de debilidad. Armonizar la vulnerabilidad que genera el amor y la fuerza de ese mismo amor es una tarea difícil que exige personas psicológicamente maduras, en un proceso de crecimiento personal para poder ser a la vez fuertes y vulnerables.

Madre, padre, es, como decíamos, ley-norma y útero. Las utopías que rondan el mundo del pensamiento infantil son de padres uterinos, o la experiencia dolorosa de padres dimisionarios. La realidad psicológica sana consiste en encontrar la distancia justa ante el hijo para que el niño aprenda por sí mismo a dar sus dos o tres primeros pasos, pero con unos brazos que acojan su inestabilidad y caída. Ponerse más cerca impediría caminar, ponerse muy lejos no motivaría al constatar la dificultad del camino.

Los padres a veces se preocupan más de quién va a ser el hijo que de cómo son ellos personas y padres. Pueden vivir conflictos de valores: "no podemos obligar a nuestros hijos a vivir con nuestras verdades, pero sí ayudarles a que vivan sin sus mentiras".

Ser madre, ser padre es saber aceptar la frustración: no tener el hijo que quiero pero querer al hijo que tengo. Este saber aceptar la frustración comunicará al hijo la posibilidad de ir negociando las pequeñas y grandes frustraciones experimentadas ante la figura de sus padres.

Ser padres exige **habilidades**:
- Ser solícitos.
- Amorosos.
- Verdaderos.
- Saber acompañar y saber quedarse solos.
- Saber decir adiós a las distintas etapas filiales.
- Dar seguridad básica.
- Poner límites claros y flexibles; razonables, constantes y motivados
- Saber jugar.
- Saber frustrar con amor y motivación.
- Enseñar a elegir.
- Aprender a envejecer sabiendo adultos a sus hijos.

El ser padres-hijos crea un sistema: la familia. Como todo grupo humano, este sistema de relaciones conscientes e inconscientes puede ser sano o insano, gozar de excelente salud o estar enfermo. Es necesario aclarar en este sistema la pertenencia y sus criterios, más allá del apellido, la casa, las tareas, las normas y el sistema de comunicación que se establece en el interior de la familia. Aclarar también el poder. Es decir reconocer a cada uno y en cada uno un poder diversificado y creciente, que se armoniza con la realidad y el poder de los demás. Y, por fin, expresar el amor cercano, abierto, no invasivo ni posesivo sino estimulante, incondicionalmente acogedor y progresivamente liberador. Una tarea de los padres y de los hijos en este sistema familiar es enseñar la palabra hermano/a. Una red de solidaridad fraterna, no competitiva, ha de ser establecida con equidad, justicia, diversificación y bondad para todos. No es fácil la palabra hermano/a pero es tarea de los padres sembrarla en el surco de la familia y cultivarla con mimo y esmero.

El manejo del error y la culpa que se estructura en la etapa edípica pertenece, como diré más tarde, al hijo. Es tarea de los padres enseñar ese manejo sin desmesurar las culpabilidades conscientes e inconscientes. Esto supone un no al perfeccionismo; un no al todo o nada; No a la culpabilidad. Un aprendizaje de saber decir **sí al otro**, tal vez **no** a su demanda concreta. Un aprendizaje de la asertividad escuchadora, firme y respetuosamente autoexpresiva.

Ejercicios: madre, padre

1. En una postura relajada deja fluir tu respiración abdominal, aflojar tus tensiones musculares y en una atmósfera de serenidad y sosiego, visualiza el rostro de tu madre y después lentamente el de tu padre. Observa su mirada y retrotráete a momentos de tu historia pasada cercanos a la infancia, para experimentar lo que sientes. **DATE CUENTA** si en tu rol de madre, padre, estás repitiendo esquemas procedentes de tus padres o recordando sus mensajes, quiénes fueron para tí, procuras dar a tus hijos lo mejor de ellos y de ti mismo sobre todo, lo que verdaderamente necesitan. Observa si eres el padre o la madre que tuviste o el que, creativamente, va más allá de las limitaciones que experimentaste en tu infancia. Motívate a crecer personalmente de una manera sana, auténtica, relacional, para dar y darte a tus hijos. Conserva lo mejor de tu experiencia y, actualizándola, desde el amor lúcido, hazte cercanamente presente a tus hijos atento/a a su individualidad concreta. Intuye cómo te gustaría te recordasen tus hijos en su adultez desde una fidelidad que ellos y tú orientais, decidís y vivís. Trasciende tus propios esquemas y métete respetuosamente en el devenir sano y libre de tus hijos, que no son, sin más, una réplica de tu infancia.

2. Visualiza relajadamente el rostro de cada uno de tus hijos. Vete, despacio, pronunciando su nombre. Observa

si tienes algún resentimiento contra ellos, si "te han fallado" en tus expectativas, si te sientes agredido por sus decisiones y conductas. Si es así vete, imaginativamente, expresándolo a cada uno de ellos: "Estoy resentido contigo por..." Cuando lo hayas expresado, incluso exagerándolo, date cuenta de las peticiones, expectativas que tenías ante cada uno. Hazte consciente de las frustraciones que, por sus conductas o por tus peculiares expectativas has experimentado. Reconoce lo limitado de tu "poder" sobre ellos y acepta que, además de tus deseos, la vida que corre por sus venas les impulsa, a pesar tuyo, en direcciones tal vez distintas de tus fantasías sobre ellos. Acepta lo que has hecho y cómo has motivado y confía en que lo mejor de ellos mismos no ha aparecido todavía, y tal vez aparezca de forma distinta a lo soñado por ti. Acoge tu dolor y transfórmalo, si puedes, en esperanzado deseo, o en oración si tus creencias te invitan a ello.

3. Considera a tus padres como fuentes de vida y a tu vida limitada y enriquecida por la de tus padres y por las sucesivas socializaciones que has ido experimentando. Más grande que los problemas y circunstancia es, y ha sido, el empuje en crecimiento de tu vida. Has llegado a ser adulto/a por ellos, o a pesar de ellos, pero la vida que en ti tiene un nombre maduro, comenzó en su acto biológico fundante y humano, tal vez, como una decisión amorosa. Considéralo así, a pesar de tus dudas y cultiva esa semilla amorosa dándole espacio en tu cuerpo y persona. Piensa en cómo transmites a tus hijos el impulso vital.

18

HIJO, HIJA

No todas las personas llegan a ser padres pero todos somos hijos/as de nuestros padres, de nosotros mismos, de otros, de la vida.

Escribe **Jalil Gibrán** en *El Profeta*, hablando de los padres: "Sois el arco desde el que vuestros hijos son disparados como flechas vivientes hacia lo lejos".

Ser hijo/a evolutivamente, es pasar por diferentes etapas: bebé, niño, adolescente, joven, adulto. Ser hijo es saber decir ante el modelo estructurante de los padres y su presencia acogedora o invasora, indiferente o cercana, adiós a las etapas evolutivas que me hacen ser el mismo hijo, la misma hija pero de distinta manera y con un estilo de relación diverso con mis fuentes de la vida.

El hijo estructurado por la necesidad se sumerge en el universo de los padres. Satisfechas o frustradas algunas de las necesidades va poco a poco emergiendo ante estas figuras fundantes en el mundo de sus deseos. El paso del principio de placer al de realidad se dará con titubeos, avances y retrocesos, crecimientos y regresiones. El ser hijo facilita ese crecimiento personal si los padres son sanamente adecuados y amorosamente liberadores. No somos personas por libre, lo somos siempre con referencia a los padres. Pero el peso decisivo de nuestros padres va variando a medida que la estatura y la fuerza humana se desarrolla en los hijos. Varían el estilo de dependencia, la obediencia, el amor, el sabor de la libertad, la consistencia de la relación, la necesidad y el deseo.

Ante los padres se da, inevitablemente y muy pronto, una ambivalencia de sentimientos: necesidad-rechazo, amor-odio. Es la época de las culpabilidades edípicas que hemos de estructurar sanamente y manejar adecuadamente, en la medida de lo posible, para que no nos hipotequen durante toda la vida. Ambivalencia no culpable sino fruto de una realidad en la que el poder y la necesidad de los padres entra en conflicto con la modesta y real libertad creciente de los hijos.

La madurez consiste en pasar del apoyo ambiental al autoapoyo. No hablo de autosuficiencia sino de autoapoyo. Para el hijo/a los padres son el ambiente y la atmósfera en la que se apoya para erguir su vida caminando hacia el autoapoyo, si el abandono o la sobreprotección no se lo dificultan. Autoapoyo no significa desinterés o desamor hacia los padres. El hijo, la hija, se afirman sobre sí mismos porque antes se han afirmado sobre la red de relaciones afectivas y nutricias de los padres. En caso de carencia de estos la sociedad, como puede, unas veces bien, otras mal, muy mal, sustituye esa plataforma básica familiar suministrando, a veces con regateos e injusticias, lo que el hijo o la hija desprovistos de padres necesitan o desean.

Ser hijo es afrontar socializaciones progresivas: familia escuela, grupo, sociedad, mundo adulto... De la primera socialización hemos debido obtener los aprendizajes y conductas básicas que nos permitan afrontar las sucesivas con un mínimo de recursos y capacidades creativas, de acomodación, adaptación y al mismo tiempo de fidelidad a nosotros mismos, de una manera creciente y consciente. Del egocentrismo inicial del hijo/a al heterocentrismo, hay un largo camino que los padres pueden facilitar o dificultar. Ser hijo no es serlo a la manera del bebé o del niño, sino ir progresivamente entretejiéndolo en un crecimiento personal que, referido inicialmente a los padres, se va haciendo cada vez más propio e interiorizado.

El ser hijo/a supone pertenecer a un grupo familiar en el que pueden circular las más diversas decisiones. La posesividad y los celos pueden generarse en el pequeño universo del niño/a y aprenderse para toda la vida. El príncipe destronado por el nacimiento de un hermanito puede generar ambivalencia, no sólo hacia sus padres, sino también hacia sus hermanos. El principio de realidad me indica que no soy rey de este universo sino que lo comparto con otras personas que tienen derecho a la fuente de placer madre, padre. Es importante aprender a no repetir en las distintas etapas del crecimiento que se inauguró con la filiación, patrones aprendidos de sentimientos y conductas. Respuestas infantiles ante estímulos personales o medioambientales que se graban como circuitos impresos y se repiten a pesar de que las circunstancias han cambiado notablemente por nuestra edad, crecimiento personal, o adquisición de nuevos recursos. No es infrecuente esta repetición de patrones infantiles en la edad adulta.

Sencillamente significa que el aprendizaje impreso tempranamente lo ha sido de tal manera y en tal intensidad, que reaparece, querámoslo o no, cuando nuestra conducta repetida es inadecuada o desproporcionada a la realidad.

Ser hijo en el referente al padre indica, en cierta manera, debilidad, pero también existe un poder de la debilidad. Muy pronto el niño, la niña, se hace consciente de ese poder de su debilidad y comenzará el aprendizaje de la manipulación. Lograr del entorno la satisfacción de sus caprichos y que le hagan algo que él podría hacer por sí mismo. Esta manipulación, si resulta satisfactoria y eficaz, persiste en la edad adulta oculta bajo un tono más grave de voz o una estatura respetable, utilizando los mismos mecanismos que dieron resultado en las primeras etapas filiales. Los adecuados refuerzos irán facilitando un crecimiento progresivamente responsable que nos hará enfrentarnos a los retos del entorno con respuestas, primero respaldadas por la autoridad de los padres, después expresadas en nuestra propia seguridad básica.

En la primera etapa de hijos/as escribimos el prólogo del guión de nuestra vida. Argumento consciente e inconsciente que como un hilo conductor va a dirigir secretamente nuestras pequeñas decisiones y pasos existenciales. Es importante caer en la cuenta de qué parte han tenido los padres en la dirección de este argumento existencial que podrá ser de triunfador, perdedor, adecuado, inadecuado, víctima, torturador, bueno, malo. En la película de nuestra vida dictará secuencias y escenas en las que haremos un papel profetizado por aquellas palabras significativas y de autoridad que pesan en nuestras etapas iniciales de la vida.

Podemos modificar este guión, la psicoterapia será una ayuda profesional para ello, podemos transformarlo llevándolo a nuestro consciente y eligiendo roles adecuados a nuestra persona que nos permitan un contacto social satisfactorio. Transformar el guión de hijo e hija sintiéndose hombre, mujer es tarea que empezó con el rol referencial a sus padres y continúa siéndolo en la memoria y creciendo en el deseo de ser él mismo, ella misma.

Ser hijo e hija supone habilidades para vérselas con el poder. Se establece una lucha por el control en la que puede valer todo: ruegos, peticiones, chantajes, castigos enmascarados... Aprender a pedir es aprender a dar. Decir no al chantaje, no a la manipulación emocional, no a la amenaza es hacer del rol del hijo/a una escuela sana de adulto/a. La lucha por el control se ha de transformar en experiencia de autocontrol. Esto conlleva conocimiento de las propias y reales posibilidades. Conocer también nuestros límites y "saber ser" ante el otro y con el otro, frecuentemente, también sin el otro. En un mundo sin hogar el rol de hijo/a no es fácil. La casa dormitorio o un pequeño espacio donde ver televisión y hacer alguna tarea escolar, no es el mejor ambiente para construir un corazón que sepa crear hogar. Confundir calor afectivo con dependencia, satisfacción de necesidades con control, lleva a considerar el hogar como un mal menor, cortapisa de la libertad fantaseada del hijo, de la hija. Es importante crear personas capaces de acoger en sí mismas no sólo al otro, sino también el crecimiento armonioso del otro e incluso sus errores. Crecer para poder ser padres sin mimetismos y repeticiones es saber que, además de hijo/a, somos mucho más: personas responsables que tienen su palabra, única, insustituible e irrepetible, que decir a la vida y a los otros.

En el fenómeno del hijo único, tan frecuente en nuestras culturas más desarrolladas, se dificulta el aprendizaje de la palabra hermano/a. Palabra hermosa, también difícil, pero que da a la vida un horizonte educador y motivador insospechado. Aprender a ser hijo/a es, a la vez, aprender a ser hermano/a. Luchas, rivalidades, complicidades, susurros y confidencias, oposiciones a los padres y solidaridades ocultas, van a ir configurando la tarea de ser hermano/a que puede ir más allá de la amistad y solidaridad en los estrechos límites del hogar.

La etapa adulta del hijo/a va a encontrarse con el dolor amoroso de cuidar a los padres y con las luchas que, como consecuencia, se desencadenan entre el amor y la obligación, entre el ofrecimiento y la carga, en una sociedad poco preparada para acoger dignamente a la ancianidad. El cuidado de los padres es una tarea que ha de llevarse a cabo entre todos los hermanos/as de manera equitativa y justa, ayudándose, si es necesario, con los recursos sociales de atención a las personas mayores. El cuidado de los padres tiene un horizonte cronológico más o menos cercano y es la consciencia de que han de morir. El hijo, la hija que han crecido como adultos han de afrontar esa consciencia sin temores y desvalimiento, con fortaleza, libertad, realismo y amor. Asumir ese dato sin sentirse culpable ni abandonado es asumir la realidad de la historia y de la vida de una manera madura y madurante.

Ejercicios: hijo, hija

1. Date cuenta relajadamente de cómo has vivido tu dimensión hijo, hija, en la vida relacional y en el sistema

familiar que formábais todos. Observa si ha habido dependencias o contradependencias, soledades o comunicación, rebeldías o cercanías amorosas. Date cuenta de que el timón de tu vida lo llevas tú. En un momento dado de la existencia, los padres pasan de ser protectores a consejeros, referencias humanas que nos pueden ofrecer su experiencia y sabiduría de la vida.

2. Recuerda y siente tus necesidades primarias filiales, o las de edad más avanzada. Observa qué padres has tenido y cómo te habría gustado que fuesen y pudiesen ser vivenciados por ti. Si tienes algún resentimiento contra sus padres, visualiza su rostro e, imaginativamente, exprésaselo: "Estoy resentido contigo por...". Llega hasta el fondo de tu resentimiento sin evitar palabras por muy duras que te parezcan. Métete, con tu fantasía, en su piel y contéstate desde ellos. Date cuenta de las peticiones frustradas que les hiciste en su momento. Haz un esfuerzo por comprender sus limitaciones que tánto dolor te causaron y, si puedes, otórgales tu **perdón**. Despídete de ellos y decide reunir tus recursos para una vida libre de resentimientos responsablemente asumida por ti con tus limitaciones reales.

Date cuenta, finalmente, de si has podido pronunciar la palabra **hermano, hermana**, sin envidias o rencores y, aunque haya sido así, asúmelo desde tu pequeñez comprensible, con fraternidad amistosa, solidaridad abierta, haciendo tu personal e individual camino de paz contigo mismo/a.

Si experimentas, en la actualidad, a tus padres como una pesada carga, asume con justicia, sabiduría, sin culpabilidades esa realidad de su ancianidad, enfermedad o carácter. Examina las alternativas para hacer menos pesada esa carga (compartir con tus hermanos, etc...). Traza tus límites realistas, justos y amorosos con paz, sin responsabilizarte más allá de tus fuerzas, o las de tu familia, ni esquivar desinteresada o egoístamente lo que, con generosidad y verdad, puedas hacer.

3. Si tienes hijos o hijas, date cuenta de cómo te gustaría ser para que ellos puedan desarrollarse de una manera progresivamente autónoma y libre. Observa si les das seguridades afectivas básicas y límites razonables. Date cuenta de si tienes hijos, o esos hijos, además de tuyos, son suyos y de la vida. Observa el amor y justicia con que tratas a tus hijos inculcándoles autoestima, valoración, bondad que no está reñida con los límites personales o errores de conducta, ni con las desorientaciones vitales.

19

CULPA

La culpabilidad es un fenómeno psicológico universal[9]. Es frecuentemente tan intensa y extendida que atañe a hombres y mujeres enredados en la tela de araña de este sentimiento pegajoso y enfermizo. Sentirse culpable es retroflexionar la agresividad; es decir, volver la agresividad contra uno mismo.

El sentimiento de culpa se compone de una dimensión cognitiva, emisora de un juicio valorativo; de una respuesta emocional y de un comportamiento motor. La culpabilidad es un proceso más que un sentimiento puntual y colorea nuestra

---

9. Para comprender mejor y profundizar en este tema tan difícil como importante, sugiero esta pequeña bibliografía, de excelentes compañeros y amigos que han estudiado psicológicamente esta dimensión humana. **Zabalegui, L.** (1997), *¿Por qué me culpabilizo tanto?* Desclée De Brouwer, Bilbao, en esta misma colección Seredipity. Para una lectura psicorreligiosa, **Dominguez, C.** (1992), *Creer después de Freud.* Paulinas, Madrid. Hará más comprensible la obra fundamental de Freud, *Tótem y Tabú*, el artículo de **García de la Haza, C.**, (1995), Totem y Tabú: culpabilidad y religión. *Revista Miscelánea* Comillas, nº 53, pp. 459-480. También yo hago referencia a este tema en **García-Monge, J.A.** (1991): *Los sentimientos de culpabilidad*, S.M., Madrid.

persona impidiendo su maduración al dificultar una lectura sana de las vivencias y conductas nacidas de la libertad. Está basada en la capacidad humana de decidir no sólo acerca de lo agradable o lo desagradable, lo feo o lo hermoso, sino también acerca de lo bueno o lo malo.

La culpabilidad, según Freud, se genera en un plano social por el asesinato primordial del padre en la horda primitiva. Según este mismo autor, en un nivel psicológico individual, la culpabilidad se estructura en el inconsciente personal por la ambivalencia emocional de la etapa edípica en sentimientos agresivos respecto al padre. Relegada al inconsciente, la culpabilidad es una enfermedad que impide la madurez. El hombre la mujer deben sortear el escollo de la culpa asumiéndolo y manejándolo adecuadamente, y no sólo sublimando la energía libidinosa en conductas socialmente aceptables: cultura, pacto social, religión, etc.

Evolutivamente la culpabilidad no es la misma en el itinerario existencial humano. La más arcaica es la culpabilidad **tabú** en la que algo atrayente y prohibido, misterioso y deseable acarrea un castigo, despierta una fuerza punitiva sin que sepamos dar razón del tabú. Esta culpabilidad que se expresa en términos, puro, impuro, limpio, sucio, etc., pertenece a los comienzos de nuestro devenir adulto. La culpabilidad **narcisista** se instala en el hombre, en la mujer, cuando el yo ideal nos acusa en los vanos esfuerzos por alcanzarlo. Solemos ligar, en una lógica afectiva, el aprecio y el afecto de los demás a la consecución de ese yo ideal que de una manera perfeccionista, es decir, insana, nos frustra y nos remite a nuestra verdadera y limitada estatura. La argumentación emocional que nuestras entrañas instauran es: "no seré amado si no logro ser lo que debo u otros esperan de mí". Se trata de una culpabilidad, aun envuelta en verbalizaciones religiosas o gestos rituales, puramente psicológica. Es el revés del narcisismo, ese autoenamoramiento de nuestra propia perfección física, intelectual, moral, social. No nos gustamos al vernos tal como somos y ese sentimiento desagradable se convierte en una autoacusación culpable al sentirnos no amables, indignos de ser amados. La culpabilidad ética supone una maduración en cuanto que la ley representa, en caso de ser justa, el bien común. Esta culpabilidad nace de la confrontación de hacer lo que la ley prohibe u omitir lo que manda. Por último, la culpabilidad religiosa aparece en la dimensión creyente cuando va unida a la presencia actuante de Dios.

1. Manejo de la culpa

Aunque los psicólogos no están unánimemente de acuerdo en esta distinción, pienso que hemos de separar la culpabilidad sana de la insana. Su manejo será distinto cuando la culpabilidad es la respuesta adecuada a una conducta humana libre que ha elegido el mal ético y ha generado un dolor en el otro o en sí mismo. En este caso los pasos que sugiero para integrarla maduramente en nuestra persona serían:

1. Reconocerla, observar el mal que produjo, constatar si hubo libertad de elección o alternativas a nuestra conducta.

2. Paliar sus consecuencias con conductas que aminoren el mal producido.

3. Saber pedir perdón y saber acogerlo de verdad.

4. Elegir conductas de reparación guiadas no por la huida de la culpa, sino por el dinamismo de la justicia, el respeto, el amor.

En el caso de la **culpabilidad insana** detectaremos que, primero, contamina el autoconcepto. No se centra en la conducta evaluada sino que infiere injustamente una maldad generalizada en el sujeto que obró de esa manera.

Segundo, retroflexiona agresividad. El autorreproche, el desaprecio personal, la autopunición, etc., son propias de esta culpabilidad insana.

Tercero, centra al hombre y la mujer en sí mismos y en su proceso emocional de culpa, más que abrirles a la realidad maltratada o a los derechos personales ignorados.

Cuarto, se niega el perdón, incluso no lo acoge cuando se le ofrece y practica el remordimiento como expresión del malestar interno.

Es importante reconocer los "beneficios ocultos e insanos de la culpa": egocentrismo, maltrato, victimación o tortura, declararse zona catastrófica como pretexto para no exigirse conductas maduras y adecuadas, etc.

Las pautas para manejar esta culpabilidad, insana por injusta o desmesurada son:

1. Observar con respecto a qué normas nos sentimos culpables. ¿Se trata de normas heterónomas o autónomas? En el caso de normas heterónomas hemos de preguntarnos si realmente las tenemos internalizadas y promulgadas como válidas en la instancia de nuestra consciencia emocional. Sólo cuando reconocemos sana y sabiamente la autonomía, podemos exigirnos conductas de acuerdo a esas leyes, aceptadas y reconocidas como expresivas del bien común: lo que es bueno para todos los hombres, situándolo con la connotación que las circunstancias concretas y existenciales pueden aportar.

2. Ser consciente de si el sentimiento de culpa no me viene tanto del juicio propio como del prestado por personas significativas dotadas por mí de autoridad.

3. Poner más la atención en el mal causado que en el ego afeado.

4. Atender más al otro damnificado, tal vez, por nuestra conducta, que a nuestro propio yo ofuscado y atormentado por los sentimientos de culpa.

5. Saberse perdonar, y tratar de erradicar, si el perdón era innecesario, ese sentimiento superfluo que tanto dolor causa y tanto destroza la integridad de la persona.

CULPA

El sentimiento de culpa, lejos de motivar de una manera sana conductas más coherentes y correctas, proporciona un malestar del que, compulsivamente, huimos cayendo en situaciones semejantes y generadoras de una nueva y más intensa culpabilidad. Sentirse culpable cuando esta culpabilidad, como ocurre frecuentemente, es insana y desmesurada, genera un desánimo profundo, e incluso un estado de ánimo depresivo que no facilitará la congruencia personal y la libre elección del bien en nuestra existencia.

Como actitudes que faciliten la maduración personal cuando aparece la culpa, sugiero:

1. No juzgarse *a posteriori* con el conocimiento consciente que tenemos después de la conducta "culpable". El conocimiento consciente que nos puede iluminar después de cometido un error no lo teníamos en el momento de elegir. Es injusto, por tanto, trasladar en el tiempo un conocimiento que, de haberlo tenido lúcido y claro, nos habría aconsejado otro camino en la encrucijada en que nos encontrábamos antes.

2. Tratarnos, en la maraña de la culpa, como trataríamos a un buen amigo: escuchándole, comprendiéndole, no juzgándole, acogiéndole.

3. Ver lo que hemos aprendido de la experiencia considerada culpable. Observar las repercusiones que en nuestra vida y persona tiene el proceso de la culpabilidad.

4. Dinamizarnos en el amor, en el otro, más que encerrarnos en la tortura de nosotros mismos.

Ser maduro consiste, en la experiencia de la culpabilidad, en asumir la conducta culpable sin desmesurarla cuando muestre indicios de salud ética, de justo juicio y de percepción realista. También consiste en erradicar todas las culpabilidades más neurotizantes, obsesivas o generadoras de angustia que paralizan o dificultan la tarea de amarnos y amar, de ser maduros.

Ejercicios: culpa

1. Relajadamente date cuenta de cuándo te has sentido culpable por última vez. Tal vez haya sido recientemente, observa si esa culpabilidad respondía correctamente a normas autónomas, a conductas libres, a juicio correcto sobre tu realidad y posibilidades. ¿Qué has hecho y cómo has manejado esa culpabilidad? Observa cómo te sentiste y explora alternativas que acarreen más amor a ti mismo y más apertura hacia los demás.

2. Hazte consciente de alguna culpabilidad que experimentes y que intuyas desmesurada, desproporcionada o falta de base real. Observa qué característica tiene esa culpabilidad: se trata de un tabú irracional, de un desagrado narcisista hacia la imagen de ti mismo/a, de una confrontación de la ley. Observa tu culpabilidad y trata de captar su falta de solidez razonable, su emocionalidad disfuncional. Procura enviarte mensajes que afirmen asertivamente el derecho que tienes a ser tú mismo/a a satisfacer, sin causar ningún dolor, ni a ti ni a otros, tus legítimas necesidades, diciendo adiós a esa culpabilidad que lejos de madurar tu persona te regresa y entorpece el crecimiento más auténtico.

3. Date cuenta de si tienes alguna culpabilidad consciente que exija o necesite ser perdonada o pedir perdón. Hazlo imaginativamente y acoge el perdón como liberación de tu culpa, como una posibilidad de empezar de nuevo habiéndote quitado esa carga que entorpecía tu camino abierto hacia ti mismo.

20

COMPARTIR

Es difícil, casi imposible, ser maduro si no vamos configurando en nuestra persona la actitud y la conducta derivada de ella, de compartir en la vida. Compartir dice relación, justicia, generosidad, atención al otro, solidaridad. Lo mío se hace nuestro en una relación que genera un nosotros y pasa por el realismo de lo tangible. La familia debería ser una escuela del compartir. En psicología evolutiva se ha investigado el comportamiento infantil comprobando la maduración relativa más intensa en el campo de las relaciones sociales de aquellos niños y niñas que han tenido que compartir y han aprendido a hacerlo. En los niños la palabra mío es temprana y tenaz. Genera conflictos de los que se suele salir con una autoritaria y provisional sentencia cuando se afirma: es de los dos, es de todos. Esa solución o componenda conciliadora dice, frecuentemente, más verdad que la paz provisional que intenta lograr. La realidad, lo más esencial e importante es de todos.

Compartir es valorar. Significa "tuificar" más que "cosificar" en la vida. Jerarquizar valores y no anteponer los más endebles e inconsistentes a los más necesarios para construir sobre ellos una convivencia humana y justa.

Compartir conlleva comprobar que lo más auténticamente mío es lo que soy capaz de dar. Es lograr tener algo sin que algo me tenga a mí.

Compartir es convivir, en justicia, sabiduría y realismo, que somos muchos en un entorno muy amplio y los bienes que necesitamos son limitados y escasos.

Compartir, palabra que nos lleva al plural: hacer de uno varios. Partir-con: partir, ir hacia una nueva situación humana, hacia el nosotros, base de una nueva relación de persona.

Solidaridad-compartir es el nombre social del amor[10]. Este amor, como por círculos concéntricos, se va haciendo expansivo, va llegando a más personas en calidad y cantidad, incluyendo a los excluídos de la gran familia humana por cualquier tipo de sinrazón.

El destino universal de los bienes nos exige compartir. La vida y la creatividad de cada uno pueden marcar diferencias concretas y visibles pero la apropiación indebida, humanamente hablando, aunque esté autorizada por las leyes, impide ese destino universal de los bienes excluyendo a gran parte de la humanidad de lo que es patrimonio de todos.

Compartir es redimensionar las desigualdades que estructuralmente configuran a la población de este planeta. El apresurado desarrollo enriquecedor de algunos pueblos genera empobrecimiento en otras áreas de la tierra.

La gente se divide en dos grandes campos: los que comparten y los que no comparten. No podemos valorar el éxito o el fracaso de una vida por la cantidad de cosas acumuladas, no compartidas, hurtadas a las necesidades de todos. Tal vez, la compulsividad posesiva que anida en tantos y tantos corazones nos lleve a juzgar y admirar a los que, por no compartir, se han instalado en el arriba de la historia y a despreciar a aquellos que caminan por el abajo inhóspito de la existencia humana.

---

10. Para ampliar esta importante dimensión de la madurez social, iluminará la lectura del reciente libro de **Sebastian, L.** (1997), *La solidaridad, "Guardián de mi hermano"*, Ariel, Barcelona.

COMPARTIR

Se puede compartir casi todo: tiempo, dinero, saberes, salud, juego, escucha, energía, trabajo. Compartir no es sólo dar, sino dejar que el otro y sus necesidades entren en mi vida, me salven de lo que poseo y me hagan más pobre en el tener para enriquecerme en el ser-con. El compartir es una dimensión relacional. Se trata de la tarea de aproximar: hacer prójimos a los que hasta ahora eran lejanos. Dar rostro y nombre al otro e invitarle a la mesa de la vida. No cabe duda de que cuanta más gente sea invitada, menor ración tocará a cada uno, pero más relación se habrá establecido entre todos. La felicidad debe tener que ver con algo de eso.

No se puede madurar en la defensividad encasquillada de lo mío si no se abre socialmente a una maduración que más allá del individualismo psicológico se extienda a la red de relaciones sociales.

No compartimos por ansia de seguridad a todo riesgo. La seguridad se cotiza altamente en bolsa. Se es maduro si se sabe convivir con la inseguridad moderada en unas dimensiones de la vida, más radical y grande en otras. La sabiduría de la inseguridad nos estimula a una creatividad que se oxida cuando no nos arriesgamos a compartir.

Compartir no equivale a dar de lo mío sino a darse en lo mío hecho nuestro. Compartir es reconocerte como alguien igual a mí, con mis mismos derechos, en un progresivo y ampliado círculo siempre abierto hacia realidades y utopías.

Madurar es también pedir y saber pedir. Muchas veces tenemos dificultades en que alguien comparta lo suyo con nosotros. No somos lo suficientemente humildes, realistas o maduros para saber recibir, para dejar al otro que comparta sin que esto conlleve humillación o afrenta. Pretendemos que nos adivinen nuestras necesidades cuando lo más sencillo y natural en una vida madura es exponer y pedir lo que necesitamos y, en determinados momentos, exigirlo con firmeza. Todos necesitamos que alguien comparta algo con nosotros pues nadie es completo ni perfecto y siempre habrá alguna área de nuestra existencia en la que somos y nos sentimos realmente pobres. Compartir es un lenguaje del amor que se entiende en todas las lenguas; practicarlo indica que hemos crecido más allá de nuestros pequeños y recortados intereses y que al compartir, no solamente damos algo a alguien, sino que además le transmitimos ese impulso justo y generoso que le permita a él compartir a su vez con los demás.

Ejercicios: compartir

1. Prepara tu cuerpo para que fluya tu visualización en una atención relajada. Date cuenta de cómo te has sentido cuando libremente has compartido algo. Observa la relación interpersonal que se inauguraba por el hecho de compartir. Capta el gozo y la alegría, la paz y la libertad como signo de maduración personal y autosatisfacción legítima.

2. Haz un pequeño inventario de cosas a las que tal vez estés apegado, observa el poder que les das en tu casa y vida y date cuenta de si podrías ser más libre ante ellas, ayudado por la presencia de otros a los que tu libertad de compartir haría menos desdichados o más felices.

3. Observa en ti mismo/a, algo que necesites y que recibirías como buena noticia que alguien quisiera compartirlo contigo. Siente que, además de recibir, das algo muy importante para la otra persona: la oportunidad de dar y darse, la oportunidad de conocer y relacionarse de verdad contigo. Observa cómo haces para no pedir lo que necesitas, cómo obstaculizas tus legítimos deseos y necesidades en su exposición clara y simple. ¿Con qué mensajes?, ¿con qué emociones? Imagínate pidiendo algo a alguien sabiéndote digno de compartir y siendo consciente del favor que haces y de la gratuidad que recibes al experimentar la vivencia de solidaridad.

21

HOY

El hombre, la mujer, somos seres destinados a vivir en el tiempo con una vocación y deseo de eternidad. Existen verdaderas y falsas concepciones del tiempo. El tiempo con su fugacidad, redimensiona y relativiza todo. La dimensión temporal nos ayuda a encontrar la verdadera dimensión de las cosas. El pulso de la vida nos permite ver y contemplar la realidad con sus límites y fronteras.

Todo pasa... lo nuestro es pasar. La conciencia de que todo fluye es una experiencia de límites, de adioses, una experiencia de muerte.

Una polémica con siglos de distancia entre un espiritual de la Compañía de Jesús, el Padre **Nierenberg** y **Ortega**, nos habla de la fugacidad invitándonos a no intentar apresar el tiempo, a prescindir de la realidad fugaz instalándonos en una actitud que sobrepasa los límites del tiempo. Nos invita a no hacer obra estable en esta posada donde pasamos una sola noche. Esta actitud subrayada por **Nierenberg** es criticada por **Ortega** que, precisamente por la fugacidad, invita a apresar el momento en toda su viveza y belleza; a no dejarle escapar, ya que se produce en un instante: acontece hoy, aquí y ahora. **Ortega** nos invita a poner toda la intención y atención en vivir aquello que, por su temporalidad, de no hacerlo ahora, no lo haríamos nunca. Nos introduce así en la filosofía del *carpe diem*.

Existen dos actitudes que luchan tensionalmente en anclarse en la eternidad y vivir comprometidamente el tiempo con toda su dimensión y sucesión de instantes. La actitud, por así decir, de eternidad, conlleva el autoengaño de evadirse del tiempo para vivir lo eterno, saltándose la vida. La eternidad se convierte en un deseo, en una idea que te sustrae de la vivencia del tiempo, de la realidad temporal, del verdadero perfil de lo humano. Eternidad o tiempo es una falsa disyuntiva. El tiempo no disminuye el valor de la vida ni lo aumenta; sencillamente, dimensiona la existencia. La eternidad en una concepción abierta a esta dimensión, no está detrás ni más allá del tiempo en un para siempre "instante eterno", sino que es la oportunidad de la que está preñado el tiempo. Este parto se hace más claro en la plenitud de los tiempos. La historia gestante de "nueve meses" nos da a luz LA LUZ. Vivir el tiempo es, como decíamos al principio de esta reflexión sobre la madurez, saber decir **adiós** y **hola**. Es típico de nuestro tiempo el consumo, el usar y tirar. Usamos el tiempo y tiramos el tiempo. Sin embargo, gran parte de la humanidad no tiene apenas tiempo de estrenar nada verdaderamente confortable y humano. El deterioro les sorprende cuando todavía no han abierto una página gozosa del tiempo. La actitud de decir constantemente "adiós" consiste en aprender a renunciar, relativizar, despedirse en una negación que comporta una pequeña experiencia de muerte. La ascesis del adiós que nos enseñan las pasividades, comporta una pérdida sin retorno. Cuando a la experiencia del adiós no sigue un hola abierto al hoy de la vida, será una falsa vivencia del tiempo. Es verdad que para crecer, el ser temporal, el hombre, necesita aprender a decir adiós. Es importante saber decir adiós sin agarrarse desesperadamente al tiempo, a las cosas, a las realidades de las que somos arrancados por la fuerza y el devenir de la historia. Pero, de la misma manera que el hombre ha de aprender a decir adiós, tiene que pronunciar real y experienciadamente la palabra hola: estrenar experiencia, abrirse al hoy de la vida, no perderse la realidad que llama ahora a su puerta. Tan importante es decir adiós como decir hola para la realidad integral del hombre.

Decir constantemente "hola" a la realidad, estar compulsivamente tensos hacia el futuro, comporta vivir la novedad sin memoria, el presentismo sin pasado ni verdadero futuro. La actitud y conducta de hola sin adiós adolece de falta de memoria. Está manejada por la pequeña vigencia de las necesidades o la elaboración, con pretensiones de absoluto del deseo, pero no tiene comprensión de la realidad, del camino que se hace al andar y del que nos queda un recuerdo, tal vez agradecido, y una esperanza siempre viva.

Aprender a vivir el hoy supone aprender a ser temporales sin olvidarnos de nuestro deseo de perdurar. Decir adiós y hola es saber relativizar sin perder interés por las cosas y las personas, dándoles su justa medida, la medida del amor de la vinculación y el compromiso.

Existen muchas posibilidades de perder el tiempo, dependiendo de la óptica con que se miren los contenidos. Lo dramático de perder el tiempo es perder el hoy o la oportunidad que se nos presentaba ahora. Perder el tiempo es perder la memoria y/o el deseo y sobre todo perder la oportunidad de vivir el presente.

¿Cómo podemos perder el tiempo? Perdemos nuestro tiempo no enterándonos, por alienación o escapismo, de toda la densidad del momento como posibilidad y oportunidad de vivir. Matándolo en nombre de la eternidad. Como dice **Thoreau**: "no podemos matar el tiempo sin lesionar la eternidad". Llenamos el tiempo de quehaceres para no dejarnos ser, respirar, vivir, para no tener el silencio que nos permita vivir el hoy como única realidad tangible, como herramienta para tallar nuestra vida temporal.

También podemos perder el tiempo dándole, equivocadamente, culto. Erigiendo, como hace nuestra cultura tecnológica, una altar al *kronos* en lugar de vivir el *kairós*. Comprando y vendiendo tiempo sin entender que el tiempo es sólo y nada menos que el lugar de encuentro, de vida, de actuar en nuestra persona y en nuestro entorno para generar un futuro mejor.

La sabiduría de vivir el tiempo está amenazada por las prisas que nos impulsan a un manejo de esa realidad fugaz y presente que llamamos "tiempo". Podemos transmitirnos consejos para aprovechar el tiempo; pero el tiempo apresurado nos dificulta ese corazón sensato que sepa calcular nuestros días. Vivir el tiempo como *kairós*, no sólo como *kronos*, es vivenciarlo abierto a la transcendencia, como oportunidad de liberación. El *kairós* es una invitación a despertar. Vivir despierto equivale a vivir hoy, aquí y ahora. Vivir despierto es vivir consciente. Saber qué se juega en nuestro tiempo.

Nunc Coepi: "Ahora comienzo". Se suele decir que **hoy es el primer día del resto de mi vida,** hoy es el pasado del mañana. Es el momento del nacer de nuevo al clarear del día, de empezar a vivir. De pasar, de ser-para-la-muerte a ser con-la-muerte un hombre, una mujer, vivos para el amor, la libertad y la consciencia.

Saber vivir el presente es una gran sabiduría. Exige una liberación de los fantasmas del pasado, una reconciliación pacífica con nuestra historia y un tener bien apoyados los pies en la tierra, sabiendo la fugacidad del presente como momento de tallar nuestro futuro. Comporta la insoportable levedad del ahora. La madurez nos pide saber vivir el hoy. Las dificultades están anidadas en el pasado y aleteando en el futuro. El momento presente, entre el pasado y el futuro, a veces se nos queda pequeño o nos produce la angustia de decidir en este instante algo que se debate en el pasado-futuro y que no se conforma con ser solamente y nada menos que un ahora vivo. Hoy es el pasado de mañana. Hoy me permite estrenar realidad y es el resquicio que me deja el tiempo para transformar mi realidad, la realidad. En verdad sólo existe el hoy; pasado y futuro son una huella en la memoria o una mirada en el deseo. Hoy es el instante eterno, la eternidad temporal.

Matizando dentro de la "exageración" del género narrativo oriental, puede acercarnos a la vivencia del tiempo este cuento japonés: Un guerrero japonés fue apresado por sus enemigos. Aquella noche no podía conciliar el sueño... a la mañana siguiente podrían toturarle. Entonces recordó las palabras de su Maestro Zen: "El mañana no es real. La única realidad es el presente". Volvió al presente y se quedó dormido

La pobreza y la riqueza del hoy, del aquí y ahora, nos llevan a desorientarnos y evadirnos en una perspectiva ficticia donde lo pasado o lo futuro cobran una densidad más consistente en nuestra psicología que el ahora. Hoy es realidad, verdad, momento de respirar y vivir. Fruto del ayer y orientado hacia el mañana, el hoy me proporciona el encuentro y el contacto conmigo mismo y con los otros. El hoy decide quién soy y quién seré. Es memoria y proyecto. Es instante esencial donde acontezco como posibilidad real en la historia.

La madurez tiene siempre como proceso una dimensión temporal. Vivirlo así es saber que nacemos, vivimos y morimos. Esta perceptiva temporal dimensiona la existencia dándole la urgencia y el peso específico que en cada mujer y en cada hombre tiene su hoy, su ahora. El hoy nos parece, a veces, muy pequeño, todo nuestro mundo de deseos no cabe en él y, sin embargo, anclamos en él nuestra realidad, que dará fruto paciente y cuidadosamente cultivado en el mañana. El hoy es el momento de decir sí al presente, de vivirlo en toda su realidad pluridimensional que nos invita a ser y a actuar, a elegir y vivir. La lentitud o la prisa y fugacidad del hoy, se miden no por el reloj, por el *kronos*, sino por el pulso de la vida. Si el hoy nos permite elegir un valor que nos construye, un amor que nos da sentido, una palabra que nos libera, el hoy tendrá una riqueza de la que nuestra mente, por mucho que quiera evadirse, no podrá prescindir en la tarea de madurar personal y socialmente.

Ejercicios: hoy

1. Relájate y lleva la atención a tu respiración. Hazla sin forzar ni controlar, con el diafragma, sintiéndola en tu abdomen: inspiras, espiras. Con esta atención puesta en

tu cuerpo, afloja suavemente las tensiones para que puedas concentrarte en tu respiración. Rítmicamente, acompasadamente a la respiración, pronuncias en tu interior las palabras VIDA al inspirar, AHORA al espirar. Permanece unos minutos en este sencillo ejercicio de respiración rítmica que irá, poco a poco, haciéndote consciente del tiempo, permitiéndote vivir el ahora.

2. Recuerda una escena, una situación de tu vida en la cual viviste totalmente presente a tu realidad de aquel hoy. Date cuenta de qué había en ese instante que concentró tu atención olvidándote del pasado y sin fantasear el futuro. Revívelo visualizándolo y recrea la energía y la consciencia capaz de vivir el aquí y el ahora, el HOY.

3. Relajadamente mira el río de tu vida como si estuvieras sentado en su orilla, recostado en un árbol de los que pueblan las márgenes de ese caudal de agua. Lanza una mirada retrospectiva e imagina el río pequeño en sus fuentes, en su nacimiento, míralo pasar: pueblos, puentes, campos, paisajes, ciudades, soledad... Hazte consciente del tiempo que transcurre mezclado con el caudal de agua en el cauce de tu vida. Date cuenta de cómo ese río avanza hacia el mar. Al mismo tiempo goza de la consciencia que te permite su contemplación, de ese momento en que las aguas tranquilas o las pequeñas cataratas llenas de espuma avanzan por tu interior, permitiéndote una memoria de tu origen y un deseo de futuro. Vive el presente, tu mirada física sólo ve lo que pasa por delante de ti, lo capta con detalle y lo goza con paz.

22

VERDAD

La palabra verdad nos habla de conformidad con lo real. La definición filosófica *adaequatio intellectus cum re*, nos viene heredada de la concepción intelectualista griega que determina nuestra cultura.

Todos tenemos en la mente, influida por el corazón, un mapa de la realidad que podemos llamar territorio. Ese mapa será verdadero, siguiéndolo podemos caminar por la realidad territorial. Muchas veces nuestros mapas están dictados por el deseo más que copiados de la realidad. Podemos tener mapas de la vida familiar, del otro, de la sociedad que son heredados y obsoletos y no están puestos al día conforme a la verdad del territorio. Mirar el mapa, si responde al territorio, es poder caminar hacia las metas que nos proponemos por auténticos caminos transitables. Frecuentemente los mapas expresan nuestras necesidades, miedos, deseos, expectativas de los otros y se hace muy difícil, consultándolos, caminar en verdad por el territorio real. Me recuerda esta imagen a los mapas geográficos medievales en los que más allá de Finisterre y el mar desconocido se dibujaban dragones, serpientes gigantescas, animales terroríficos. Adecuar nuestro mapa mental y afectivo al territorio de nuestra realidad existencial es tarea de todos los día, de toda una vida. Podremos vivir la verdad, seremos maduros para la verdad si al consultar nuestro mapa nos refleja fielmente la geografía por la cual transitamos; geografía humana, valores, personas, situaciones y experiencias.

Evolutivamente, los niños y niñas mienten con distintos estilos y por diversos motivos de acuerdo a su edad. Las primeras mentiras son ensayo del lenguaje, animismo del pensamiento, magia de las palabras (que tanto estudió **Piaget**). Más tarde los niños mienten por temor a ser castigados, son conscientes de su mentira y eluden el castigo de los padres no diciendo la verdad. El crecimiento traerá la mentira como necesidad de impresionar al otro, de generar imagen admirable y de prestigio. Mentiras adolescentes que tantas veces arrastramos durante toda la vida adulta pero no madura.

La verdad es el respeto a lo real. Nuestra palabra dice verdad cuando se ajusta objetivamente a la realidad, a la experiencia descrita o expresada. Palabra verdadera y experiencia auténtica se conectan para producir la verdad que nos dice y transmite al otro una información justa.

De los tres planos que constituyen nuestro dinamismo comunicativo, el más exterior es la conducta que se comunica en palabras o gestos; el consciente está formado por los pensamientos e imágenes que generan la consciencia y el nivel más profundo, por la verdad de nuestros sentimientos más hondos y de nuestros impulsos. Estos tres niveles llevarían a la comunicación entre la consciencia y la realidad generando autenticidad. Cuando la conducta pone palabras a la consciencia, se da sinceridad y cuando la verdad se hace cargo de la realidad más honda que nos constituye, vivimos en congruencia. Verdad, pensamiento y palabra se armonizan siendo sinceros con los demás y con nosotros mismos.

Vivimos en una cultura que maquilla o deforma los datos de la realidad y, aun pretendiendo ser seriamente científicos, la aprensión de la realidad humana y social la hacemos con una sistematización y metodología que manipula los datos en su interpretación. Nos falta objetividad en nuestras relaciones interpersonales y carecemos también de apertura a los misterios del otro, de los otros que no se puede reducir a estadísticas, números, fórmulas exactas. Como decía **Tony De Mello**, por la vida hay que caminar con la Biblia en una mano y el telescopio en otra. En caso de duda, mirar por el telescopio la realidad antes que deformarla por malas interpretaciones que acarrean las culturas.

Nuestro autoconcepto tiene mucho que ver con la verdad. Llamamos verdad a la persona que creemos ser pero no la que de verdad es. Si no ponemos en cuestión, si no interrogamos de verdad nuestro autoconcepto, podremos ser un autoengaño ambulante. Una mentira bienintencionada pero defensivamente erigida para no ahondar en nuestra propia identidad expresada. Decimos muchas veces lo que tenemos que decir pero no lo que es, lo que acontece, lo que somos. Ser capaces de revisar nuestro autoconcepto es descubrir las esclavitudes de la verdad, en algunas áreas de nuestra vida, que nos llevan a enmascararnos para que no nos reconozcan y que frecuentemente hacen que confundamos, a la larga, nuestra máscara con nuestro verdadero rostro oculto.

Sólo conocemos lo que amamos. En este sentido se puede hablar de amor a la verdad, de compromiso con la verdad. El hombre y la mujer maduros son personas que aman la verdad. Que valoran la verdad muy alto en la jerarquía axiológica de su existencia. El dinamismo hacia la verdad es básico para ser persona y para poder vivir en grupo, en familia, en equipo de trabajo, en sociedad. Sin un consenso honesto hacia la verdad, que no haría falta si fuésemos fieles a nosotros mismos y al otro, la vida es invivible, porque la desconfianza y la sospecha se instalan y corroen la médula de nuestra relaciones interpersonales.

La verdad a veces es difícil. Nos cuesta decir la verdad cuando contradice nuestros intereses egocéntricos, del tipo que sean; cuando desenmascaran mentiras y autoengaños con los que nos encubrimos y defendemos intereses inconfesables. La verdad es difícil cuando pactamos mentiras con nosotros mismos, con los otros, con la sociedad. Cuando generamos palabras que todo el mundo sabe, o debe saber, que no dicen verdad, que hay que sobreentenderlas como formas de limar las asperezas de la realidad. Nuestra propia imagen, la que queremos dar a los otros, de hombres o mujeres valiosos, honestos, trabajadores, justos, "maduros", nos hace deformar nuestra realidad inmolándola en aras de una imagen que queda bien y nos deja mal. Las "verdades políticas" o el lenguaje electoralista que camufla la realidad en frases a las que nos tienen acostumbrados algunos medios de comunicación, son cotidianamente cercanas a esa realidad dificultosa de la verdad.

La verdad exige y genera un dinamismo de libertad: "la verdad os hará libres". Esta BUENA NOTICIA nos dice que hay verdades para caminar y hay que caminar en la verdad. Es cierto que hay verdades provisionales que sirven como idea o como percepción de la realidad para un trecho de nuestro itinerario existencial o de nuestra evolución personal y hay verdades permanentes que siempre dan luz y dan a luz lo mejor de nosotros mismos. La mentira equivale a una dependencia o, con una palabra más fuerte, a una esclavitud. Mentir es ser injusto con la verdad, con el otro a quien debemos nuestra verdad. Las situaciones humanas son cambiantes y van caracterizándose por los estilos de relación y compromiso que las configuran y estructuran. Hay personas, la amistad es el caso hermoso de esta realidad, a quienes debemos toda nuestra verdad, la pareja es también un compromiso con la mutua verdad interactiva, etc., mientras que habrá otras personas a las que sin decir mentira no nos sentiremos obligados a expresar nuestra verdad. Si somos "esclavos de la mentira" necesitamos que la verdad nos haga libres. Libres para la justicia, transparentes ante el otro a quien damos poder para mirar nuestra conducta externa e interna.

Existe una diferencia entre tener verdades y ser verdad. Todos hemos tenido pensamientos y juicios como verdades que nos han permitido un caminar confiado por el mundo de lo real y lo humano. Estas verdades, a veces enlatadas, se han convertido en "dogmas" que con su rigidez, sirviendo en un momento de la historia o la cultura, han impedido la evolución buscadora de la verdad que nos expresa y conoce la realidad. El carácter dogmático estudiado por **Rokeach** frecuentemente dificulta la verdad que va progresivamente dándonos cuenta de la realidad. Necesitamos tener verdades. No podemos vivir en la desconfianza constante del suelo que pisamos. Pero es más importante ser verdad: que nuestro conocimiento y palabra expresen la verdad de nuestro ser y su coherencia en toda nuestra persona.

Hay verdades en la vida que causan dolor. En estos casos no tenemos más remedio que dialogar con el dolor porque nada haremos autoengañándonos y evitando la verdad del mensaje que nos acarrea. Aunque las verdades causen dolor, es un dolor de parto que nos permite vivir en la precariedad y pobreza de lo real. Sabemos, como señalábamos anteriormente, que somos más grandes que nuestro dolor, que esas verdades que generan dolor lo hacen para avisarnos de que falla nuestro sistema de vida personal, familiar o social.

En la sabiduría bíblica verdad se dice en hebreo *émet*. Esta palabra indica ser sólido, seguro, digno de confianza. Nos dice que esa verdad es algo sobre lo que uno se puede apoyar. Hay en la vida caminos de verdad que nos llevan a nuestra meta, paz de verdad, sólida, durable. Verdad tiene mucho que ver con fidelidad, decir que una persona ama la verdad es hablar de su fidelidad a la realidad, al otro.

Ser hombres y mujeres de verdad es mantener una actitud de fidelidad, de respeto, de sinceridad.

La verdad es la esencia de la sabiduría, la plenitud del conocimiento. *Aletheia* es en la tradición la verdad moral, opuesta no a la mentira, sino a la injusticia. Ser verdaderos es ser justos, vivir en la verdad es abrirnos ante el otro ofreciéndole de verdad un corazón justo y sincero.

Ejercicios: verdad

1. Relajadamente respiro y voy aflojando los músculos que experimento tensos. Cuando he llegado a un nivel

de sosiego que me permita la introspección serena me pregunto qué verdades me sustentan. ¿Qué verdades me dan vida? Enumero tres o cuatro verdades, del nivel que sean, que me permiten caminar segura y sólidamente por ellas.

2. Me imagino en una montaña desde donde veo un inmenso panorama humano. Toda una ciudad con sus gentes que van y vienen, trabajan, pasean, hablan... Imagino que tengo la facultad de ver qué verdades mantienen a esa ciudad en su posibilidad de convivencia, qué mentiras resaltan más en el roce comunicativo de las gentes de esa ciudad. Caigo en la cuenta de que aunque abunde la mentira, la verdad está plantada también en la realidad humana, trato de verla en la maraña de lo falso y me complazco cuando la encuentro.

3. Imagino relajadamente, visualizándolo, que me han regalado una vela, un grueso cirio mágico y que al encenderlo puedo ver a la luz de su llama mi verdad interior y la verdad de aquel o aquella cuyo rostro ilumine esa débil llama. ¿Qué hago con este regalo?, ¿me atrevo a encenderlo de tal manera que ilumine mi rostro ante algunas personas cercanas?

23

JUSTICIA

La palabra justicia y la realidad que simboliza y genera es difícil y necesaria. Nos evoca dar a cada uno su derecho, darle a cada uno lo que es debido, aquello que por ley le corresponde. La palabra justicia nos habla de una justa distribución, de una igualdad de medida para mí y para nosotros, de un cerrar los ojos a quién es la persona y abrirlos a qué le corresponde a esa persona, cuáles son sus derechos.

Cuando los hombres y mujeres son justos generan una energía que les impulsa a establecer relaciones adecuadas con ellos mismos, con la naturaleza, con la comunidad humana.

La palabra justicia sugiere la injusticia por contraste. Y la injusticia es algo que salta a la vista... Es opresión, generadora de dolor, generadora de hambre y sed, porque hay millones de hombres que tienen hambre y sed porque nadie les ha hecho justicia; están hambrientos, faltos de justicia. La humanidad esta sedienta, como una tierra ávida y seca, de esa agua de la justicia. Vivimos en un mundo estructurado, en gran parte, por la injusticia. En el primer mundo tenemos todas las estructuras legislativas y ejecutivamente judiciales para administrar justicia. Podemos afirmar y creer que muchos hombres y mujeres la administran rectamente, con honradez legal, con sensibilidad moral. En muchos países del Tercer Mundo la justicia es la gran ausente; ni siquiera los encargados de generar justicia lo hacen. Generan una apariencia pseudo-legal de derecho, pero detrás no está la realidad de la virtud de la justicia.

Nuestro mundo está definido y estructurado desde la carencia de justicia y ésta es una realidad de la que no podemos prescindir: norte-sur, riqueza-pobreza, economía neoliberal y sus nefastas consecuencias para los más pobres... Es decir, hoy es obvio que nuestro mundo está estructurado en gran parte por la injusticia. Es verdad que no podemos estar todo el día como Don Quijote peleándonos con los molinos de viento porque es una pelea tan desigual que agota casi inútilmente. Lo bueno es tener sensibilidad y ser lúcidos, para descubrir cómo debajo de obras y organizaciones, creadas aparentemente para generar justicia, se puede estar generando subrepticiamente una injusticia mayor. Es verdad que hay muchos signos de esperanza pero, o son demasiado pocos, o demasiado lentos para detener el avance implacable de la injusticia en el mundo, sabiendo que detrás de ella hay dolor, hambre, enfermedad, opresión, muerte.

La justicia es una relación de equilibrio entre dos realidades; se suele representar simbólicamente por una balanza. Justicia con uno mismo, con el otro, con los otros... No sólo con el otro cercano que pertenece a mi mapa afectivo, sino con el otro sin rostro y anónimo. La justicia es la posibilidad de que la mujer y el hombre se reconozcan con la dignidad de ser sujetos de derechos. Cuando eres justo con una persona le haces capaz de reconocerse como tal. Valorar el trabajo del otro y hacerlo con justicia, es permitirle que se sienta digno, valioso y apreciado.

La justicia no es sólo darle al otro lo que es suyo sino darle mi sentido de la vida y mi opción por la justicia. No es sólo una virtud moral, ética, sino algo más profundo que tiene que ver con el entramado de la existencia humana. La justicia es el amor estructurado y estructurante de las relaciones humanas que revela nuestra identidad personal. La justicia es un

JUSTICIA

servicio que estructura las relaciones humanas de forma justa. Todo esto exige una sensibilidad a la injusticia, -saber dónde falta la justicia-, conocer el mundo de los empobrecidos y hacerse presente humanamente, no dándoles de lo nuestro, sino no quitándoles lo suyo y devolviéndoles lo que les hubiésemos quitado. Este acercamiento en clave de justicia lo llamamos solidaridad, pero la justicia es aún más profunda y estructurante que la solidaridad. Injusticia es siempre generadora de dolor. Es el gran mal de la historia de la humanidad. Amar, dar la vida, tiene que ver con acarrear justicia en los grandes surcos y acequias de la historia.

La justicia no es fácil de vivir. Hay personas más sensibles, más lúcidas para reconocer por dónde pasan los caminos y las estrategias que generan más justicia. Muchas veces nuestra vida se tensiona entre las nostalgias de un paraíso terrenal que nunca existió y las prisas de utopías que no acaban de encontrar su lugar en la historia. Pensamos el mundo como un paraíso terrenal (como unas idílicas vacaciones en el Caribe), creemos que ésa es la justicia pero, en realidad, es una mitología que está ahí nostálgicamente anclada en el corazón del hombre. El mundo nunca será un paraíso terrenal. Nosotros creemos que la utopía estructurante de la humanidad puede ir creciendo lentamente para llegar cada día a más personas de una manera más definitiva. Necesitamos paciencia histórica para que la justicia vaya creciendo en la realidad humana. Para que en lugar de reinar el dinero, el poder, el máximo lujo y la posesividad, reine un amor que, como decía un gran juez, ame apasionadamente la justicia. Ese amor es el que dará a cada uno lo necesario para vivir con dignidad de mujer, de hombre.

La justicia llega hasta los enemigos en forma de perdón. La amnistía, el indulto, no están reñidos con la justicia, pertenecen a las posibilidades inmensas del corazón humano.

El hombre y la mujer maduros tienen que ocuparse o preocuparse de sembrar en su corazón el deseo y el esfuerzo por ser justos.

Cuando al profeta Miqueas se le revela lo que Dios espera del hombre, lo concreta: "se te ha comunicado, hombre, lo que Dios espera de ti: que ames con ternura, que practiques la justicia y que camines humildemente de la mano de, tu Dios" (Miq 6,8).

Es cuestión de preguntarnos por nuestro orden de valores. Si priorizamos algunos valores: ¿dónde colocamos la justicia? Ser justo es practicar la justicia en nuestras relaciones interpersonales y estructurales. Estas relaciones justas son generadoras de paz; la paz auténtica se asienta sobre la justicia. La justicia es un problema de amor lúcido y honesto, de libertad auténtica. Ser tan libre que pueda ser justo. Cuando no soy libre estoy aferrado a cosas que me esclavizan: mi dinero, mi vanidad, mi prestigio... No puedo ser justo si tengo mis manos enfangadas, todo lo que toquen mis manos lo mancharán de injusticia.

La justicia tiene que ver con la pobreza. Pobreza a todos los niveles. El otro me ayuda a ser justo, el carente, el que tiene hambre y ser me ayuda a practicar la justicia. Si tengo una tarta y viene a verme un amigo mío, tengo un amigo y media tarta. Si vienen dos, tengo dos amigos y un tercio de tarta. Conformarse, en una cultura de la austeridad, no se decide a solas en el desierto, nos ayudan a ser justos los que conviven con nosotros, motivándonos hacia la justicia e impulsándonos en su dirección.

La justicia exige, como decíamos, una sensibilidad para la injusticia, una percepción no defensiva de la realidad. Que cuando pasa algo injusto, aunque no te pase a ti, lo sientas como si te afectase. Ser sensible no sólo a las injusticias que nos hacen, sino a las injusticias que se hacen en nuestro favor.

Optar por la justicia hoy, sobre todo de forma pública y denunciando la injusticia, acarrea el dolor, la persecución, la marginación y, tal vez, la muerte. En un mundo injusto optar por la justicia es arriesgado y peligroso. Muchas veces somos injustos no por malos, sino por la debilidad que genera nuestra pertenencia a un mundo injusto; por miedo, por conservar nuestras situaciones económicas, familiares, grupales, decimos sí a situaciones injustas para sobrevivir. Tenemos que ser también comprensivos con nuestra debilidad.

JUSTICIA

Ser justos es la posibilidad de estar en paz con nosotros mismos, con la naturaleza (ecológicamente justos con los demás). Ser justos es fortaleza y también debilidad; es perder algo de tu "apropiación indebida" que tal vez ha justificado la legalidad pero no la justicia.

A veces la defensa de la justicia puede llevar a situaciones de violencia, como contraviolencia ante la estructura agresiva que despoja injustamente de sus derechos a grandes masas humanas. Con diálogo prudente, abierto y generoso, debemos evitar la violencia que tanto dolor y muerte generan, pero este diálogo ha de estar alentado con realismo y sensatez por el amor a la justicia. Ante el compromiso con la realidad, sólo un corazón lleno de amor puede, de verdad, humanamente, practicar y realizar la justicia.

La justicia es uno de esos hábitos del corazón que la persona madura debe cultivar de una manera connatural, integral en el eje de su vida. Al ser justo no sólo creces tú, sino que das esperanza de que el hombre, la mujer, son posibles; la convivencia en paz no es una utopía ilusoria y todo eso porque la justicia dice en tu vida, en la vida, una palabra amorosamente definitiva.

Ejercicios: justicia

1. Imagínate una gran avenida donde se ven grandes colas de personas ante ventanillas. Esas personas aguardan pacientemente su turno para conseguir algo importante: dinero, salud, poder, sabiduría... Una de esas colas tiene muy poca gente, están en paz, sosegados, sabiendo que el turno les llega enseguida. Preguntas al último para qué es esa cola y te dice: aquí estamos los que queremos conseguir un corazón justo. Decide si elegirías esperar tu turno y prioritariamente necesitas lo que en esa ventanilla dan de valor para tu vida.

2. Date cuenta, con paz, de cómo te las arreglas para no optar por la justicia sin ser injusto. Observa el mundo a

tu alrededor y cae en la cuenta de gestos de justicia que puedas percibir y también analiza la injusticia que veas estructurar las relaciones interpersonales. Hazte consciente de esta gran realidad y déjala reposar junto a tu corazón en una mirada intuitiva y paciente, deseosa y abierta al crecimiento en ti de esa dimensión de justicia.

3. Recuerda alguna injusticia que hayas vivido como tal, con objetividad, en tu vida, date cuenta de las emociones y su rebeldía, del dolor y los gritos ahogados que se producen en tu interior. Extiende esta experiencia a millones de hombres y mujeres que, mudos, no pueden expresarla. Haz que tu vivencia de injusticia se haga palabra en ellos, escuchándola tú y pronunciándola tú en tu vida.

24

LIBERTAD

Libertad es una palabra difícil de pronunciar pero profundamente humana e imprescindible en el proceso de maduración. Depende de cómo la manejemos: creceremos como personas o nos atascaremos en el proceso de ser hombres y mujeres maduros, de relacionarnos auténticamente con otras personas. Es una palabra que no siempre se ha pronunciado bien. Frecuentemente se ha hecho de una manera inexacta y desafortunada: personal, grupal e institucionalmente. La causa, casi siempre ha sido problemas de poder, de desconfianza en el ser humano, de control, dependencias, y miedo a la libertad. Se trata de una palabra amenazada de muchas palabras que la hacen difícil y sin embargo creemos que su pronunciación existencial nos permitirá crecer sin ser eternos niños o adolescentes (momentos evolutivos en los que la libertad no puede pronunciarse con todas las letras por su situación personal y social).

Negativamente, libertad sería la ausencia de determinantes. Una persona sería libre cuando no estuviera fatalmente determinada para realizar sus acciones, cuando no tuviera presiones tan fuertes que decidieran por ella.

Libertad es por tanto capacidad de decidir. Mi persona está hecha de mente, corazón, cuerpo, espíritu, llamados a la libertad. La libertad se ha vinculado con la voluntad, pero nuestro corazón puede ser libre, nuestro cuerpo, dentro de las leyes corporales, puede también serlo. Toda mi persona, aún teniendo presiones, puede decidir y decidirse a ser un estilo de hombre o de mujer no determinada, aunque sea consciente de que está presionada.

1. Libertad y rol

Libertad como capacidad de decirse uno a sí mismo la palabra única e irrepetible que nos expresa, supone no vivir con palabras prestadas por la cultura, la familia, aunque tengamos que utilizarla en los roles que desempeñamos. Los roles están siempre condicionados y normativizados con un cierto conseso que acarrea una coacción. Podemos asumirlos libremente o rechazarlos, pero una vez que estamos inmersos en un rol, la palabra que es nuestra es también la palabra que el consenso ha decidido que diga ese rol. No podemos inventar del todo un rol. Lo podemos personalizar pero no inventarlo, al menos los roles más funcionales. El rol, en cierta manera, es una situación donde nuestra libertad se coloca y acepta, más o menos, las reglas de juego, las normas explícitas e implícitas de ese rol. Por eso digo que al pronunciar la palabra libertad y pensar que nuestra libertad nos permite decir nuestra palabra, decirnos a través de ella, saber quiénes somos y qué queremos, no estoy hablando de una libertad paradisiaca que nunca existió, sino de una vocación de libertad del hombre y de la mujer y que, poco a poco deviene, se va haciendo libre.

Modestamente libre. La palabra libertad y otras palabras como plenitud son demasiado grandes para nuestra estatura humana. Somos libres, pero más o menos libres: sí pero no, o no pero sí.

Como decíamos antes como ejemplo del rol, yo soy libre para asumir un determinado rol, pero una vez que lo elijo no puedo salirme arbitrariamente de él, rompería la capacidad de predecir conductas que conlleva todo rol. Puedo abandonar ese rol e incorporarme a otro, hacerlo de una manera más o menos personal, pero tenemos que constatar que no existe, dentro de nuestros roles sociales, una total capacidad de maniobra.

2. Libertad. Condicionantes

En la libertad lo que importa es que podemos elegir sin el peso decisivo de fuerzas ajenas a nosotros mismos. La decisión nace de mi libertad, ¿qué significa eso?: que yo elijo condicionado, presionado, pero la última palabra, la palabra decisiva que nos revela libres, es una palabra mía que nace de lo más auténtico, de lo más profundo de mí mismo.

Hemos de mirar la libertad con realismo, como la capacidad de dar sentido a los condicionamientos que experimentamos. La libertad no es un hueco entre condicionantes que todos tenemos. No significa que el hombre o la mujer estén condicionados al 80% y les quede un 20% de libertad. Soy un hombre, una mujer libre no esclavo de nadie, ni siquiera de mí mismo.

Existen realidades en la vida humana en las que estamos condicionados orgánicamente, por las leyes de nuestra naturaleza. No soy libre para volar o para no comer nunca. La libertad es la capacidad de ser lo que soy. Muchas veces al hombre no le queda más libertad que dar sentido a los condicionamientos férreos de la realidad.

Muchas veces la libertad es esa capacidad de dar sentido a nuestra vida y a nuestra muerte. Somos libres pero morimos y ante la muerte cada uno puede dar un sentido u otro, dependiendo de su coherencia y biografía personal y de sus opciones axiológicas o creencias.

La libertad sería entonces, con estas anotaciones, un fondo constitutivo de mi ser responsable. Yo tengo capacidad de responder a algunos estímulos y esa respuesta pasa por una decisión mía, y de esa respuesta, soy responsable.

Ser libre es una actitud ante lo esencial de la vida, una actitud personal y social, no sólo un derecho. Ante muchas rutinas somos muy poco libres. Libertad es capacidad de maniobra en los caminos de la vida dentro de mi realidad, en mi experiencia personal de existente.

La libertad es también una energía liberadora de mi ser único. Soy el único "yo mismo" que ha existido en el mundo y que va a existir. Otros se parecerán a mí pero no serán yo; de lo contrario no seríamos más que robots.

3. Dinamismo de Libertad

La libertad pasa por cierta dependencia, pero no es la independencia aunque la reclame. Muchos pueblos y personas la confunden con la independencia. Independencia es ser tu propio jefe, la libertad es no tener jefe, no eres ni tu mismo el jefe, ya que en tu reducto más hondo no existe ese rol.

La libertad pasa por la autonomía pero no es la autonomía. El autónomo se da a sí mismo la ley, la libertad es no necesitar ley. La ley me manda, la libertad puede elegir obedecer pero puede también en muchas ocasiones no necesitar ley.

La libertad es un dinamismo procesal; no es un punto final: "ya soy libre", sino un proceso nunca acabado. Me voy haciendo libre... o no libre... Se puede crecer hacia la libertad o caminar en dirección contraria.

"Soy libre" significa que la libertad fluye en mi ser hacia mis actos, con interrupciones. Nazco para la libertad cuando soy libre, soy aquello para lo que he nacido. Libertad tiene que ver con elegir mi propia vida.

Nuestro acontecer histórico nos permite intuir nuestra vocación de libertad. Somos seres llamados a la libertad. Es verdad que gran parte de la humanidad empleará su modesta libertad en ver cómo sobrevivir cada día: ¿comeré hoy? Digo esto como telón de fondo real para que no fantaseemos realidades, humanidades nacidas, en plenitud de la revolución Francesa: igualdad, libertad, fraternidad.

Nuestra vocación de libertad conlleva una situación vigilada, de libertad condicionada y muchas veces negada. Libertad y liberación están profundamente conectados. No hay libertad sin un proceso de autoliberación personal y visibilización de esa libertad en el ámbito de las relaciones sociales. La libertad es como el pedagogo que me permite ir descubriendo mi verdad. La verdad que me hará libre, que revela mi libertad. La libertad no se tiene, se es libre, se experimenta quiénes somos y quiénes estamos llamados a ser.

La libertad es como la raíz y el fruto maduro de un proceso de maduración que constituyen el tronco y la savia de mi vida. Estamos siempre, cuando fluimos adecuadamente, en proceso de liberación. Me voy liberando poco a poco, con avances y retrocesos. Porque libertad no es lo que tengo sino lo que soy, hombre o mujer libre, no esclavo de nadie ni siquiera de mí mismo. No es lo que tengo sino lo que me permite ir siendo lo que todavía no soy. Sabiendo todos mis condicionamientos de infancia, de adolescente, siendo consciente de las presiones de mi juventud, de los chantajes de mi adultez por la fuerzas internas y externas, pero a pesar de todo, siendo lo que soy, por la libertad de elegir y de ser lo que quiero de una manera lúcida, realista, madura y relacional. Los otros me pueden liberar pero yo solo me hago libre. La libertad conlleva una dosis de soledad que a veces da miedo. La libertad te deja a solas contigo mismo. Los otros pueden ayudarte con datos, objetivaciones, pero, en el fondo, estás solo. Las decisiones que se toman en madura libertad se realizan, en última instancia, en soledad.

4. Libertad "de" y "para"

Al hablar de libertad tenemos que ser consciente de que una cosa es la libertad "de" y otra cosa es la libertad "para". Esta última es la más importante. En general se suele hablar de libertad como de libertad de... todo lo que recorta nuestro libre albedrío. Éste es el primer paso, la libertad comienza siendo libertad de determinantes, condicionantes, sumisiones, dependencias, aprendizajes, estereotipos, etiquetas, rutinas... Pero la libertad madura camina desde la independencia y pasando por la autonomía se experimenta como libertad "para". Soy libre **¿para qué?** Para ser lo que soy. Porque si la libertad que tengo la empleo en intentar ser lo que no soy me voy a estrellar contra mi propia verdad y voy a ser muy infeliz. Soy libre para elegir, para sentir, para pensar lo que considero verdadero; soy libre para la verdad, claro que, por eso mismo, puedo adherir mi pensamiento a algo falso, pero eso no me hace más libre porque la libertad está llamada a la verdad. Soy libre para el bien aunque pueda elegir el mal. Libre para la justicia y, sobre todo, me voy haciendo libre para amar, que es la mayor libertad. La libertad apunta al amor como meta. Libertad para amar: "soy tan libre que puedo amar, creer, liberar, esperar, servir". La persona libre es la que está liberada de su propio ego. Ha disipado los miedos que encadenan la libertad y ha trascendido su pequeño yo.

Cuando soy amado verdaderamente me hacen libre. Pero tiene que ser amor auténtico, amor no colonizador del otro. Cada persona que nos ama de verdad nos hace un poco más libres. El amor que más libertad nos acarrea es el amor incondicional. Nosotros no solemos amarnos incondicionalmente, nos apreciamos en tanto en cuanto hayamos realizado las expectativas que acarrean amor.

5. Libertad relacional

La libertad es relacional. La libertad se fragua en una red interdependiente porque todos dependemos del otro, pero con posibilidad de vivir esa red de libertad. Mientras haya un hombre y una mujer esclavos yo no me puedo sentir del todo libre. Hay personas que al pasar por mi vida me liberan, otras me colonizan. Me piden un precio por mi libertad. La libertad no se compra sino que, la auténtica, se genera en un proceso de liberación. Los que amplían mi libertad o los que me la recortan, pueden hacerlo porque yo les doy poder interior para ello, por miedo a las consecuencias o presiones que puedan venirme de ellos.

La libertad siempre se afirma ante el otro. Soy libre ante ti. Tendríamos que saber proclamar nuestra libertad sin culpabilidades ni agresividades, libertad ante el otro. Libertad con el otro. Estar con, supone libertad. Puedo ser también libre bajo el otro. Puede ser menos libre el que manda que el que obedece. Bonhoeffer, en el campo de concentración nazi, era más libre que sus carceleros. Era un hombre con dignidad. Soy tan libre que puedo obedecer. Para ser obediente tengo que ser libre, si no es así no soy obediente sino sumiso. También puedo ser libre sobre el otro, ser libre, aunque resulte difícil, en una situación de poder. Creemos que la libertad se recorta estando abajo, pero a veces la libertad se recorta mucho más estando "arriba".

El gran mensaje humano es realizar con otros, la historia de la libertad. Libertad es un concepto multidimensional que solo se puede vivir en plural. El que esclaviza a otro no es libre tampoco. La libertad genera un "nosotros".

La libertad es un don y una tarea tan grande que genera miedo. **Erich Fromm** en *El miedo a la libertad* expresó y analizó esta experiencia tan común. Tan antiguo como la humanidad, el miedo a la libertad es falta de coraje de existir. Miedo a la responsabilidad, miedo a la culpa, miedo a perder el amor y el aprecio del entorno. Necesitamos una seguridad básica de ser aceptados, amados, para sentirnos libres, pase lo que pase experimentaré la libertad de ser amado y amar.

La esclavitud me asegura la supervivencia, la libertad es un riesgo de la vida. El riesgo de ser persona, de elegir quién soy y quién quiero ser. Y... si me equivoco ¿qué pasa...?; a nivel profundo, nada. Reconocer mi error, aprender de él y tener la libertad de poder cambiar de sentido y dirección a mis conductas.

La libertad tiene que ver con la espontaneidad, pero no es equivalente. Hay gente que se cree muy libre porque es espontánea. Lo espontáneo puede no ser lo mejor de ti mismo. La libertad es una experiencia globalizadora pero no es necesario experimentarlo todo para ser libre.

La libertad a veces duele. Ser persona supone integrar muchas heridas, costurones y la libertad, al pasar por esas cicatrices, duele, exigiéndonos la capacidad de superar ese dolor en el sentido total de la vida. La libertad genera angustia y, al mismo tiempo, capacidad de superar esa angustia.

Desde la libertad puedo elegir, adaptarme con realismo al medio. El medio trata de manipularnos para que nos adaptemos a él, pero el hombre, la mujer es libre porque tiene más capacidad de adaptarse al medio que los animales y más capacidad de cambio. Adaptarse puede ser también una opción libre. Una persona puede seguir siendo libre aunque tenga que adaptarse y aceptar la frustración en algunos aspectos que, como persona madura, tiene que tolerar con paz. Libertad no es ausencia de frustración sino posibilidad de pasar por ella sin rebeldías y pataletas infantiles. Tenemos una libertad sitiada y, por tanto, limitada al norte, al sur, al este y al oeste. Muchas veces la realidad permite poca capacidad de maniobra pero mi libertad es mayor que lo que hago o puedo hacer. Siempre soy más libre de lo que mis decisiones producen. Tengo más energía actitudinal y de libertad honda que la que me da mi capacidad de moverme en las pequeñas encrucijadas de la historia.

La libertad es la posibilidad de ser uno mismo, yendo constantemente del yo al sí mismo, a la realidad, a los otros estableciendo un diálogo en el que la palabra libre, antes de ser dicha, es confrontada con los datos, personas y con lo más profundo de mí mismo: el amor.

Ejercicios: libertad

1. Prepara tu cuerpo para que fluya una visualización espontánea, natural, que atraiga tu atención introspectiva. Visualiza ahora con el mayor detalle posible el rellano de una escalera de una casa de pueblo antigua. Es el

último piso y da acceso al desván. La puerta del desván está cerrada, tú estás en la escalera y quieres entrar en él porque intuyes que hay pistas para crecer en libertad. Pero esa entrada está obstaculizada por trastos, cachivaches que te dificultan abrir la puerta: un baúl viejo, unos libros, una jofaina, un perchero, una gramola, una caja...
Vas a ir retirando esos obstáculos que te dificultan para abrir la puerta. Los vas situando a derecha e izquierda en el rellano de la escalera hasta que puedas abrir la puerta y entrar. Cada obstáculo simbolizará algo que te impide o te dificulta ser o experimentarte libre en este momento de tu vida. Cada uno de estos objetos simboliza un obstáculo que tú ahora reconoces como dificultando tu libertad. Los vas nombrando y retirando de la puerta...
Date cuenta de si puedes localizar en tu vida real esos obstáculos que experimentas en el desarrollo y crecimiento de tu libertad. Realidades que amenazan tu proceso de liberación.
Entras en el desván, visualízalo. Ves una habitación clara, luminosa con la luz que penetra por la claraboya. Ahí recibes este mensaje: "tu libertad no está aquí, estaba en el esfuerzo de quitar los obstáculos. Si eras consciente de aquellos obstáculos eras consciente de tu libertad. Tu libertad es el proceso que te ha traido hasta aquí para ser creativo y decidir cómo quieres que sea esta habitación y ponerla a tu gusto para acoger a otras personas y poder compartir con ellas". Alégrate de haber hecho el camino que hiciste y date cuenta de que hay camino y libertad al andar cada paso de tu existencia.

2. Imagínate que se aumenta como una energía creciente tu libertad personal. ¿Qué cambiaría en tu vida? ¿Qué harías cuando te sintieras, de verdad, más libre?, se trata no sólo de una libertad "de", sino de una libertad "para". Fantasea tu persona decidiendo en tu vida impulsada por esa libertad crecida y creciente.

3. Imagina una persona que recorte tu libertad o sientas que así lo hace. Dialoga con ella afirmándole tu ser libre en la situación concreta en tu vida. Puede impedirte **hacer**... pero no puede prohibirte ser libre... Experimenta ante esa persona tu libertad, al menos interior, e invítala a crecer para decir tu palabra ponderada, sabia, auténtica y nacida del amor y pasión por la libertad.

25

SABIDURÍA

Una distinción muy clara, que nos ayudará a adentrarnos en el difícil logro de la sabiduría consiste en diferenciar saberes y sabiduría. Los saberes son transmisibles, estrictamente científicos en la mayoría de los casos. Pueden ser enseñables y nuestras estructuras escolares, académicas, son, como otras fuentes de la vida, cauces de transmisión de saberes. La sabiduría en cambio no puede enseñarse, ésto lo explícita muy bien aquel viejo cuento que oí a **Tony De Mello** de un gobernador en la India que, renunciando a su status, cargo y posesiones, fue a un monasterio motivado por aprender sabiduría. Admitido en el monasterio solicitó enseguida entrevistarse con el maestro. ¿A qué vienes? le preguntó el maestro. A que me enseñes sabiduría. El maestro, después de un silencio, respondió escuetamente: la sabiduría no puede enseñarse. Decepcionado y frustrado el exgobernador se apartaba del monasterio, cuando el maestro le llamó matizando: "le he dicho que no puede enseñarse, pero no que no pueda aprenderse". Esto es lo que el conocido psicólogo humanista **Carl Rogers**, que tanta huella ha dejado en nuestro siglo en la relación de ayuda, subraya cuando distingue entre conocimientos no significativos y conocimientos significativos. Los primeros pueden compartirse; para los segundos el maestro, o más modestamente el profesor, o aquel que sencillamente tiene experiencia en la vida, pueden crear una atmósfera donde acontezca el aprendizaje de ese tipo de conocimientos. Tal vez es lo que estoy intentando hacer a lo largo de este libro, de estas reflexiones. No pretendo enseñar nada a nadie sino, sencillamente, crear una atmósfera donde el aprendizaje sea posible desde la propia experiencia del lector.

Vivimos en un mundo de saberes cada vez más complicados, cada vez más especializados hasta llegar a la paradoja de saberlo todo de algo y nada de todo. Nunca el hombre, la mujer tuvieron a su disposición tanta información, tantos saberes y datos. Vivimos en una cultura en que información equivale a poder.

Sabiduría es lucidez y fuerza para vivir la realidad; ser uno mismo, saberse relacionar, comprender y, sobre todo, comprenderse en lo más hondo de una manera auténtica y profunda.

1. Evolución de la Sabiduría

1. **Sabiduría de la boca**: conocer, hablar, intercambiar: símbolos y gestos.

2. **Sabiduría de las manos**: hacer, es la habilidad del *homo faber*, poder transformar la realidad, crear, producir.

3. **Sabiduría de los pies**: desplazarse en la justa dirección, cambiar, sustentarse con los pies firmemente apoyados en la tierra (realismo); buscar.

4. **Sabiduría de los ojos**: ver la realidad, analizarla, aprender de ella y con ella.

5. **Sabiduría de los oídos**: saber escucharse y escuchar. Captar la palabra del otro a través de lo que dice y comunica. De las ideas y sentimientos dominantes.

6. **Sabiduría de la mente**: autoconcepto realista y dinámico, pensar con una lógica estricta y rigurosa, capacidad para la resolución de problemas, inducir, deducir.

7. **Sabiduría del cuerpo**: armonía entre necesidades orgánicas, psíquicas, sociales. Satisfacción o habilidad para negociar la frustración. Memoria corporal que nos recuerda orgánicamente aspectos buenos o amenazantes para nuestro organismo.

8. **Sabiduría del pobre**: realismo, capacidad y fortaleza para sobrellevar la situación, motivación para salir de ella, presencia en la cultura de la pobreza y esperanza en la liberación, la justicia y la paz. Solidaridad y compartir.

9. **Sabiduría del corazón**: saber amar y elegir. Discernir entre el bien y el mal; amar el bien, rechazar el mal. Conocer amando y amar conociendo.

10. **Sabiduría del espíritu**: capacidad de dar sentido, de creer y crear. Saber vivir, morir y dar VIDA.

2. ¿Quiénes son el hombre o la mujer sabios?

Cada cultura ha tenido un modelo de sabiduría, una especialización universalizadora, que ha captado como modelos de sabiduría. Sabiduría espiritual, intelectual, política, económica, social, psicológica, etc., cada una de estas dimensiones humanas, no exhaustivamente descritas, indica aspectos de crecimiento en los que la sabiduría de vivir, relacionarse y decir su palabra han atraído y motivado a ese tipo de mujeres y hombres que valoran y buscan sinceramente la sabiduría más allá de los saberes. Casi todos hemos conocido a alguna mujer u hombre que hemos considerado sabios. La experiencia de verle y escucharle nos hará aprender más lo que es la sabiduría que la descripción abstracta de la misma.

3. Dimensiones de la sabiduría.

1. Sabiduría del conocer: el sabio (Grecia). El humanista (renacimiento, artista, creador, poseedor de una cultura con dinamismo de universalidad). El enciclopedista y, por fin, el científico.

2. Sabiduría del hacer: el guerrero, Hércules, el constructor de catedrales, el caballero andante. El artesano, el artista...

3. Sabiduría del vivir: el "Zorba", el hombre roussoniano. La persona espontánea, natural, que sabe gozar de la vida, renunciar y elegir.

4. Sabiduría del ser: el filósofo, el profeta, el santo, el místico, el hombre coherente y honesto fiel a sí mismo y abierto a los demás.

   La sabiduría pasa por el conocimiento de la naturaleza, de los otros, de sí mismo, de Dios.

   La sabiduría es don recibido y tarea: adquirirla, cultivarla, acercarse motivadamente a sus fuentes y sobre todo valorarla.

4. Fuentes de la sabiduría

La historia de los profundos humanismos está enhebrada por hombres sabios. En las grandes religiones han dejado su huella de sabiduría personas fuentes del conocimiento, de la mística, de la búsqueda y la motivación: **Buda, Confucio, Lao-Tse, Pitágoras, Mohamed**. En una perspectiva cristiana es el Dios creador y auto-revelado; para los creyentes en el **Dios de Jesús** él es: maestro, liberador de la ignorancia y testigo de la sabiduría del Amor.

Libros como el Bhagavad-Ghita, los Upanisad, la Biblia, etc... son hondas fuentes de sabiduría.

Pozo de sabiduría es la historia, maestra de la vida. Aprender historia no es saber fechas, batallas y reinados sino aprender de la historia para vivir el hoy personal y social.

Una fuente muy importante de la sabiduría es la propia experiencia: si sabemos escucharla, si incluso aprendemos de nuestros propios errores, la experiencia será una luminosa fuente de sabiduría. Por último, la reflexión, el aprendizaje metódico, la ayuda de unos saberes que nos acompañan hasta el umbral de la sabiduría sin entorpecer nuestro acceso a ella.

La sabiduría como **iluminación** (insight). La sabiduría nos ilumina, despertándonos a un cambio coherente a nuestro itinerario vital, pero te implica una conversión hacia el SER. Es luz para aprender a ver y contemplar. En definitiva, para aprender a vivir.

5. Sabiduría del amor

El amor lúcido, que sabe discernir, es siempre sabio. Como hemos dicho en otras ocasiones, sólo el amor conoce la VERDAD que te hará libre. El amor nos hace pasar del egocentrismo al heterocentrismo. Es decir, nos invita a crecer ampliando nuestra estatura humana, no hacia el superman poderoso sino hacia el hombre o la mujer cordiales. Saber amar no es fácil. Hacerlo con sabiduría presupone una madurez que se va integrando en nuestra persona, poco a poco, no solo con el paso de los años sino con el cultivo del corazón lúcido. Un corazón que sepa escuchar, que pueda acoger, que diga su palabra iluminadora de tal forma que pueda ser escuchada y acogida.

La cultura y el dialogo intercultural son fuentes de sabiduría personalizadoras. Que no sirva para, sabiendo más palabras que otros, oprimirlos o ignorarlos. Que ensanche el corazón y la vida. La sabiduría de lo obvio, del sentido común es importantísima, nos sorprende el realismo de expresiones de algunos niños que dicen con sencillez palabras incomprensiblemente sabias. Están hablando de lo obvio, de aquello que el neurótico, como afirma **F. Perls**, no puede ver. Además de esta sabiduría del sentido común, existe la sabiduría del pobre. Es decir, del hombre o la mujer a la que su pobreza ha hecho libre para conocer la realidad que estructura nuestra sociedad y reconocerla sin amarguras y resentimientos, con motivación y esperanza. Misteriosamente, esta sabiduría del pobre es un acceso a la sabiduría de lo esencial de la vida.

Ejercicios: sabiduría

1. Ponte en contacto con tu memoria, de una manera relajada, y deja que te vengan, tres experiencias de tu vida que hayan sido para ti fuentes de sabiduría. Tres experiencias situadas en el tiempo y en el espacio que te hayan iluminado, que te hayan dado luz para caminar, para amar que, en definitiva, hayan sido motivo de acrecentar tu sabiduría vital. Date cuenta, al contemplar recordando y visualizando cada una de estas experiencias, como aprendiste a ser más sabio/a, qué mensaje manejaste, qué fue lo que te ayudó más...

2. Imagínate que estás haciendo una peregrinación en la vida en busca de sabiduría. Deseas ser una mujer, un hombre sabio y emprendes el camino para poder encontrar a los que puedan aportarte algo de sabiduría. Te pones en camino y divisas a lo lejos un pueblo. Al entrar en la calle más ancha descubres cinco casas; tienes la intuición de que los habitantes de esas casas te pueden enseñar sabiduría.
Llamas a la primera casa, lujosa, mejor construida, más amplia. Ahí vive un hábil comerciante. Está dispuesto a dedicarte algo de su tiempo, a enseñarte lo que te sirva para la vida. ¿Qué le preguntas? Cae en la cuenta de lo que te puede enseñar por su experiencia, por su éxito y si, de verdad, te enseña algo que te vale para tu vida personal real. Agradeces sus palabras y te despides de él.
Llamas a la segunda puerta; es una casa de piedra antigua con un escudo en la puerta. Ahí vive un héroe. También a él le preguntas por la sabiduría y escuchas su

experiencia para ver qué te enseña desde su vida, mirando si te sirve o no para aumentar tu sabiduría de vivir, de ser persona. Te despides de él.
Llamas a la tercera puerta, es la casa donde vive un gran intelectual, una mujer o un hombre, con una gran biblioteca, dedicado a leer, pensar, escribir, filosofar, hacer antropología, psicología, historia. También esa persona te habla de su vida y te transmite algo de su sabiduría. ¿Qué te dice? Date cuenta de si te sirve para vivir mejor, para ser tu mismo/a. Te despides y vuelves a la calle.
Vas a entrar ahora en una casa muy pequeña, muy austera. Allí vive, un hombre, una mujer que tiene fama de ser persona santa. Pregúntale desde su experiencia cómo puedes adquirir sabiduría, cómo la puedes encontrar... Escuchas lo que te enseña, te despides...
En las afueras de la ciudad te encuentras con una casita de campo donde vive una familia campesina, pobre, trabajadora del campo. Ellos te invitan a descansar y tomar algo y tú les preguntas por su sabiduría, la que han cosechado en su experiencia de hombres y mujeres sencillos, observando si lo que te dicen te sirve para ser tú más sabio/a.
Date cuenta dónde, en qué casa y de qué persona has aprendido más sabiduría que puedas integrar en tu vida real.

3. Recuerda personas con rostro y nombre concreto, que hayas admirado por su sabiduría y talante de vivir, visualizalos. ¿Qué mensajes captas en cada uno? ¿Qué admiras en ellos? ¿Qué has aprendido de cada una de esas personas significadas por su sabiduría en tu valoración personal? Extiende esta memoria y ejercicio a personajes que no hayas conocido realmente en tu historia, pero hayas sabido de ellos por otras fuentes de conocimiento. ¿Qué personaje te ha impresionado más? ¿A quién evocas más profundamente y con más frecuencia como referente sabio/a?

26

CUERPO

Solemos asociar la palabra cuerpo a "alma". Esta dicotomía es fruto de una tradición dualista que trata de explicar el misterio personal diversificándolo en cuerpo y alma. Heredada de la sabiduría Griega, esta dicotomía no nos facilita aproximarnos al cuerpo humano con trascendencia de la materia sin abandonar lo material. El cuerpo no es sólo la unidad de mis miembros sino la PRESENCIA de mi PERSONA.

En otras culturas, más que cuerpo y alma se habla de corazón y de hombre y mujer corporal, integralmente carne, o de hombre y mujer integralmente espiritual en su cuerpo.

El cuerpo es relación con la naturaleza, forma parte del universo natural en su estructura psicobiológica. La pérdida de la armonía corporal conlleva el olvido del cuerpo, el maltrato al cuerpo. Frecuentemente una ascesis poco lúcida impulsa a ese maltrato, despreciando la dignísima y profunda realidad del cuerpo. El cuerpo es sospechoso de maldad o cultivado con un culto que intenta mantenerlo sano, joven y bello. Estamos en una cultura que, como una nueva mitología, deifica el cuerpo creyendo hacerle un favor en lugar de respetarle en su realidad más auténtica y seria. Ante esta dimensión psicosocial, cultural tenemos que recuperar el cuerpo para una consideración positiva, que respete sus leyes, cuide su salud y belleza, sea lenguaje auténtico de nuestra persona y nos haga presentes a la realidad. Recuperar el cuerpo no es prestarle culto. Se trata sencillamente de reconocerlo en todo su inmenso valor respetando los derechos del cuerpo: salud, bienestar, placer, desarrollo físico, felicidad sexual, sensual, integral. El cuerpo "mercancía" niega todos esos derechos y afirmaciones: "todo para el cuerpo", más que hacerle un favor lo distorsiona, no dándole su armonía natural de hombre, de mujer. La mecanización "deportiva del cuerpo", su explotación contra el crono, los límites, nos lleva insanamente a un superdesarrollo en el que, en definitiva, vale casi todo. La competividad que tiene como protagonista al cuerpo, le exige más de lo que sanamente puede dar. Se recurre entonces a la droga, a la química que aumenta las posibilidades del cuerpo y diminuye las de las personas.

1. Cuerpo y trabajo

En el trabajo, muchas veces se desposee al hombre de su persona en servicio de su propio cuerpo. Se le mecaniza para la producción abundante y el mayor rendimiento laboral, industrial. En la represión corporal, la dialéctica de la liberación pasa, antes que la lucha de clases, por la lucha de los instintos. Liberación de las relaciones que alienan al cuerpo en referencia a la naturaleza y a la sociedad. El proyecto de sociedad construido sobre el cuerpo, exalta el trabajo y el rendimiento físico (tal vez para facilitar y aumentar el consumo), más que la fiesta y el descanso. La sociedad se interrelaciona en cuerpos que son a la vez presencias humanas. A veces olvidamos esa presencia humana y valoramos o vemos solamente el cuerpo, sin comprenderlo en todas sus dimensiones personales. La manipulación del cuerpo no puede hacerse impunemente sin dañar la persona que es experiencia orgánica, organismo vivo, humano. El cuerpo, masculino o femenino en nuestra sociedad, pasa de la opresión a la exaltación.

Del respeto a la utilización. Los roles que se plasman en nuestro cuerpo, que aprende a ser masculino o femenino, son muchas veces demasiado rígidos y evaluativos para las posibilidades personales que encierra y expresa cada cuerpo.

2. Yo soy mi cuerpo

Más que tengo un cuerpo, la expresión correcta es soy un cuerpo. La educación nos conduce hacia la conformación y comportamiento de nuestro cuerpo según las exigencias de la sociedad en que vivimos. La civilización tecnológica acarrea un desequilibrio corporal: cuerpo y sentidos, exigidos por encima de su capacidad y salud, conlleva el estrés que afecta a tantos millones de hombres y mujeres.

3. El cuerpo como tarea

La salud como autogestión del cuerpo y mejora de la existencia corporal no es siempre cuidada y cultivada de acuerdo a los sistemas de vida que pueden mejorarla. Queremos salud del cuerpo sin renunciar a ideas, emociones, conductas que la perjudican y dañan. La sociedad tritura muchas veces valores espirituales, olvidando que ese deterioro influye también en la experiencia psicofisiológica. Los hospitales son nuestras nuevas catedrales y pretenden garantizarnos la salud que nos roba el vivir de cada día. Pero la salud pertenece al ser, no al tener. Gozar de buena salud es sentirse vivos, libres, ligeros, autónomos. Salud no es garantía de durar en la vida sino de poderla vivir desde el cuerpo, en todas sus dimensiones más valiosas. La enfermedad no es, corporalmente hablando, la avería de una máquina sino el conflicto de una persona que es organismo vivo. Cada vez más la medicina psicosomática va avanzando, afortunadamente, para integrar la salud en todas las dimensiones verificadas en el cuerpo.

4. Cuerpo como epifanía de la persona

El cuerpo es presencia. Es materia espiritual o espíritu material. El cuerpo es también frontera, encuentro, peso específico, huella, historia. Mi cuerpo hace que me encuentre contigo, te reconozca, respete, trascienda por el amor. Tu cuerpo me lleva a tu persona y tu persona pasa por tu cuerpo. Desde ella recupero tu cuerpo en toda la manifestación de tu presencia: para el respeto, la ternura, la energía, el trabajo, el juego, la amistad, la vida. El cuerpo es lenguaje:

1. No verbal: es la palabra no dicha que pronuncio con mi gesto, actitud, conducta, mirada, sonrisa, interrogación, tristeza, apertura, lejanía o cercanía.

2. Verbal: palabra símbolo que nombra lo que no ha dicho mi cuerpo pero está en él. Palabra que prolonga mi cuerpo hasta ti, que te permite saber no solo de mi cuerpo sino de toda la densidad de mi experiencia y sentido. Tenemos que reaprender como niños a hablar con nuestros cuerpos. Devolverles su transparencia, veracidad, capacidad de comunicación que la sociedad, intelectualizando, tanto manipula y encubre.

5. La desnudez de nuestro cuerpo

Vestimos esa desnudez sana de nuestro cuerpo con ropas, roles, enmascaramientos y algo de eso es necesario para transitar por la vida social. Pero el cuerpo tiene vocación de desnudo. Recordemos a Miguel Ángel pintando la Capilla Sixtina y a los que fueron vistiendo sus espléndidos desnudos. Se transmite vida por el contacto corporal, vida limpia, desnuda, libre, amorosa y auténtica, relacional y situacional. La desnudez es el lenguaje de la intimidad corporal para quien sabe respetarla, acogerla, dialogarla, amarla. La desnudez es la libertad de ser lo que se es eligiéndola y contextualizándola.

6. El cuerpo sexuado

Nuestro cuerpo personal de hombres y mujeres es un cuerpo sexuado: naturaleza y genética, aprendizaje, tarea, roles. La realidad del cuerpo sexuado, personalmente sexuado, me hace semejante y a la vez diferente del otro. Más allá de la curiosidad que impulsa infantil y adolescentemente, que sigue impulsando en edades adultas. Más allá del poder con el que a veces se entremezclan y confunden el ejercicio de la sexualidad corporal y personal del hombre y la mujer, el cuerpo sexuado es la experiencia de saberse gozosamente limitado y a la vez conocerse y llamado a la relación que, para algunos, recrea el antiguo mito del andrógino. Saberse sexuado es saberse pleno y a la vez incompleto. Es conocerse como lenguaje de comunicación, como posibilidad de celebración, fiesta, juego. Saberse sexuado y experienciarse como tal nos sitúa en la tarea de identificarnos y desde la identidad asumida, sin miedos, integradamente, relacionarnos. Aprendizaje y elección, naturaleza e historia, se entremezclan para hacer de esta tarea de identificarnos sexualmente una tarea difícil y a la vez estimulante y llena de promesas de maduración. Interrupciones en el crecimiento, miedos, falsas identificaciones pueden dificultar esta maduración en la dimensión sexual en su paso por la genitalidad o, más integralmente, en todo su proceso personal. En el sexo como en la experiencia integral humana se da un paso del tener al ser. De tener sexo a ser sexuado. De nacer y aprender. De poder hacer el amor, cuando se vivencia una realidad relacional y suficientemente madura, a dejar que el amor nos haga. Recibir el amor, experimentarlo placenteramente y acarrear juego, eros, placer a la otra persona a través de su cuerpo respetado y deseado.

El eros no tiene nada que ver con la pornografía o utilización del cuerpo en una manipulación de mercancía. Eros es inteligente búsqueda de un amor sexual y sensual que comunica y transmite vida en una dimensión lúdicamente seria, placenteramente integrada y gozada.

El cuerpo es lenguaje, comunicación, palabra dicha y por decir y es también, en su tendencia unitiva, posibilidad de fecundidad actitudinalmente humana, responsablemente previa a la puntualmente biológica. Trabajar en la madurez sexual tiene en psicología distintos ángulos de percepción y distintas teorías que aportan luz sobre esa realidad tan sencilla y a la vez tan compleja de la sexualidad humana. Desde **Freud**, a quien no podemos olvidar en esta dimensión tan estudiada por él, el crecimiento madurante del niño, de la niña van siendo llevados en ese torrente libidinoso por distintas fases y etapas hasta que en la madurez, solucionados los conflictos básicos que podían obstaculizar el crecimiento sexuado, encuentren el objeto sexual adulto, deseable, genitalizado, desde la consciencia personal. Otras perspectivas psicológicas nos ayudarán a cultivar un sano hedonismo en la maduración creciente y personal. Además de la psicología dinámica, la cognitivo conductual, y en concreto la psicología sexológica, aportan soluciones a dificultades de maduración que se densifican y se hacen síntoma y conflicto en el lenguaje sexual de la persona, del hombre, de la mujer. Más allá de la represión siempre insana, el sano autoconocimiento y la liberación de etapas infantiles en el manejo adecuado de la sexualidad, nos ayudan a un autocontrol que permite a la persona integrarse con su sexualidad a través de un cuerpo que fluye, goza y es capaz de decir con su dinamismo una palabra amorosa. Somos mayores que nuestro cuerpo, pero nuestra vida histórica se realiza en él y a través de él. Nuestra dimensión sexuada necesita un cuidado lúcido para que los miedos, regresiones, edipos, no dificulten una sana elección y un disfrute que necesita nuestro cuerpo, y podemos en cada momento elegirlo y dimensionarlo en la situación y realidad en la cual acontecemos y desde la cual nos relacionamos. Es verdad que el sexo está en el cerebro más que entre las piernas, pero recorre todo el cuerpo y colorea intensamente toda la persona.

El cuerpo es experiencia de límites y rebeldía contra esos límites. Es experiencia de muerte y consciencia de vida. El cuerpo es la expresividad de mi envejecimiento progresivo y, al mismo tiempo, puede ser en otras dimensiones, que también se asientan y radican en él, la consciencia de mi propia y progresiva liberación.

El cuerpo como presencia debe ser, en la materialidad de nuestras conductas, un cuerpo para la justicia, para la vida, para los demás. Técnicas corporales, como pueden ser el focusing, nos permiten realizar y encarnar la terapia en la sabiduría corporal. El cuerpo aporta su memoria y experiencia en la creación de significados que pueden dar luz a nuestra vida.

Ejercicios: cuerpo

1. Relajadamente escucha tu respiración. Recorre de los pies hasta la cabeza lentamente tu cuerpo, en una atención cercana a las sensaciones físicas que vas experimentando. Este recorrido de sensaciones conscientes irá relajando tu cuerpo a la vez que generará silencio en tu persona. Capta así tu cuerpo relajado, sereno, sosegado y permítele descansar, expresarse, remansar la atención, que tanta veces se olvida de él, en los más pequeños detalles de una consciencia sensorial.

2. Escucha relajadamente las quejas de tu cuerpo en todas sus dimensiones. Los maltratos de los que es objeto, los olvidos en el plano de la salud, del descanso, del sano ejercicio físico, del comer o beber, del dormir o gozar. Date cuenta si esas quejas son reales, asúmelas y adopta hacia tu cuerpo una actitud positiva de aceptación y cuidado. Escucha sus necesidades de todo tipo y provéele de lo que creas puede permitirle vivenciarse más sana y liberadoramente.

3. Mira y siente tu cuerpo como presencia tuya, capta que en lo más profundo de ti mismo está sembrada su vocación de salud integral. Vete llevando esa energía saludable a las zonas enfermas o doloridas de tu cuerpo. Intuye esa energía sanante, fortalecedora. Busca en tu

cuerpo dolores escondidos y síntomas de que, tal vez, has encapsulado en él problemas existenciales. Nómbralos y sácalos de tu cuerpo llevándolos a la dimensión de tu libertad personal.

27

ACEPTACIÓN

Aceptación es una palabra frecuente, a veces inútil porque, lo acepte o no, lo que es, es. Solemos escuchar: no me acepto, no acepto mi cuerpo, mi carácter, mi edad, mi trabajo... Aceptación es establecer una relación positiva con lo real. Ver lo que es y convivir y crecer con ello. La aceptación es sensatez amorosa que distingue lo que me gustaría, apetecería, ilusionaría, de lo que, por ser mío, por ser yo y mi circunstancia es realidad que me integra y afecta. La aceptación supone haber erradicado culpabilidades insanas que me impedirían esa palabra madurante, al no poderme relacionar conmigo mismo y con mi pasado. La aceptación es la capacidad de ver lo que considero "limitación" sin que me oculte mis posibilidades reales.

Carl Rogers[11], subraya la **aceptación incondicional** como una de las tres condiciones necesarias y suficientes para la relación de ayuda. En esta línea, la aceptación genera empa-

---

11. cf. Brazier, D. (1997), *Más allá de Carl Rogers*, Desclée De Brouwer, Bilbao. Excelente epílogo de **Javier Ortigosa**, maestro en la didáctica rogeriana y psicoterapeuta coherente con esta orientación de la relación de ayuda.

tía y seguridad hacia parcelas de uno mismo y hacia la persona de los demás.

Aceptar no es aprobar o dar carta de inmovilista ciudadanía a una dimensión de la realidad. Es establecer una justa relación que, entre otras opciones, puede elegir la cercanía o la distancia como mal menor. Aceptar es construir sobre la realidad que conozco, que tengo. La sabiduría popular nos dirá: " hay que arar con los bueyes que tenemos".

Aceptarse supone conocerse, saberse interrogar y amarse. Aceptarse no conlleva complaciencia narcisista en un narcisismo secundario. El niño experimenta y tiende naturalmente a un narcisismo primario. La aceptación busca caminos de crecimiento auténticos sin evadirse de la realidad, nos guste o no nos guste. Aceptar que la lluvia moja, las rocas son duras o en el campo suele haber hormigas... no son más que unos jocosos ejemplos que para muchas personas suelen ser motivos de amargura y no aceptación. El que no acepta pasa la vida peleándose con lo real sin dar el primer paso del cambio: la aceptación.

Hay dos maneras de relacionarse con un problema personal: Primera, disminuir, en la medida de lo posible, el problema utilizando nuestro recursos humanos o ayudas psicoterapéuticas. Segunda, mantener el problema en su dimensión originaria y convivir y crecer junto a él, con lo que el problema se hace relativamente más pequeño en referencia a nuestra estatura aumentada. La aceptación es la base de los dos caminos terapéuticos.

Aceptarse necesita autoestimarse[12]. Sin autoestima es casi imposible aceptarse. La autoestima, de la cual tanto se ha escrito en estos últimos años en el ámbito psicológico, es la

---

12. Para ahondar en la dimensión de autoestima, necesaria para la aceptación, cf. El Curso de Autoestima impartido por **José Mª Burdiel, Carmen García de la Haza y José A. García-Monge**. Muchas de las ideas y estrategias de este Curso han sido recogidas y ampliadas excelentemente en el simpático libro de **Bonet, J. V.** (1994) *Sé amigo de ti mismo. Manual de Autoestima*, Sal Terrae, Santander.

autovaloración amorosa de nuestro propio concepto. Con otras palabras, es la aceptación positiva incondicional de lo que somos, sintiéndonos personas buenas y valiosas. La aceptación que genera la autoestima va creciendo con ella. Si no nos aceptamos es que no nos autoestimamos y si no nos queremos, buscaremos, compulsivamente, el afecto o el aprecio de los demás en conductas más que serviciales, servilistas.

Aceptar el cuerpo, la edad, el tiempo en que vivimos sin evasiones, nostalgias o fugas hacia delante es sabiduría y sensatez. Es la posibilidad de vivir de una manera personal y adaptada, constructiva y existencialmente valiosa.

Aceptar es ver el dato que rechina en una perspectiva más amplia. Redimensionar. Considerar ángulos de visión de la realidad inéditos, para armonizar ese dato en un conjunto que lo integra y dinamiza.

Para aceptarme he necesitado ser aceptado. Con esta premisa podemos justificar tantas veces la no aceptación en biografías traumatizadas o rotas por la marginación de los demás. Y sin embargo, a pesar de todo, la aceptación es posible. Un aprendizaje que recupere la autoevaluación integrará esas parcelas no aceptadas, pero existentes, en nuestra unidad personal.

Aceptarse presupone eliminar la idea que **Albert Ellis** considera, justamente, irracional de que todo el mundo tiene que aceptarme. Aceptarse es una opción personal, individual, reforzada por la aceptación de otros que siempre será bienvenida y tal vez muy necesitada.

No somos dueños del dato, del azar, del acontecimiento, pero sí de su interpretación personal. En un proceso de crecimiento y maduración, protegeremos nuestra interpretación sana de los miedos que la zarandean, rechazos, expectativas frustradas. Aceptarse es decirse y decir: "éste soy, nada más y nada menos yo". Es el principio de un proceso de intercambio con el medio y de cambio personal en crecimiento humano. Aceptar es rechazar y renunciar a la omnipotencia infantil. Es sabernos a nosotros mismos y a los demás limitados, históricos, procesuales, concretos y, a la vez, abiertos al cambio y al estreno de nuevas posibilidades humanas.

Aceptarse es la posibilidad de dialogar de verdad con uno mismo, sin engaños ni pactos con la mediocridad, sino estimulando en ese diálogo un crecimiento y apertura personal. Aceptar a otros es respetar lo que son y cómo son ofreciéndoles el feed-back que, desde la huella que sus conductas dejan en nuestra experiencia, les puede ayudar a mejorar cambiando.

Aceptar es percibir y la sana y objetiva percepción de la realidad siempre ha estado presente en cualquier proceso de maduración. Pero no solo percibir fotografiando la realidad sino asumiéndola e integrándola en una unidad superior, a la que la creatividad del ser humano tiene acceso a través de su mente, corazón, espíritu y cuerpo.

Ejercicios: aceptación

1. A través de una respiración fluida invita a tu cuerpo a relajarse permitiéndote una introspección y visualización más espontánea y natural. Date cuenta si existen en tu cuerpo, persona, vida aspectos que no aceptas. Contémplalos no tratando de cambiarlos sino de modificar el corazón que los mira a través de tus ojos.

2. Recuerda a alguna persona por la que te hayas sentido aceptado/a. Hazte consciente de qué dinamizó en ti esa aceptación. Qué sentimientos produjo y cuánta vida despertó la aceptación incondicional que experimentaste por parte de aquella persona. Compórtate hacia ti mismo/a como si fueras tu mejor amigo o amiga. Viendo la realidad con generosa aceptación.

3. Considera que aceptarse, repitiéndolo interiormente con asertividad, es no desear ser otro sino el mejor yo real posible. Pon tu energía al servicio de tu aceptación personal. Alégrate y da gracias a la vida por aquellas dimensiones tuyas que, aún no gustándote, forman parte de ti y sustentan tu existencia única, irrepetible, insustituible.

28

MOTIVACIÓN

Madurez, personalidad y motivación tienen mucho que ver. La motivación es uno de los aspectos personales más estudiados en psicología. Las teorías del aprendizaje subrayan que la motivación, independientemente de los resultados, es más eficaz para mover conductas que los premios y castigos. No solo más eficaz sino más intrínseca al sujeto que vive y actúa. No me voy a referir a investigaciones psicológicas en torno a la motivación, abundantes y bien hechas, sino a algunas modestas pistas de su manejo en la madurez personal.

Más que ahondar en la teoría de la motivación como tensión-satisfacción: las necesidades motivarían tensionando hacia su satisfacción, produciendo, al conseguirla, el bienestar de la relajación y la consiguiente desaparición de la energía motivacional, consideraremos la motivación más pluridimensionalmente en el mundo personal de necesidades y deseos.

¿Por qué hago algo? ¿Para qué lo hago? ¿Desde dónde lo hago?

Hace algunos años se buscaba para puestos de responsabilidad personas con un C.I. elevado, con cualidades brillantes, con una personalidad deslumbradora. Hoy se buscan personas bien motivadas. Sabemos que llegarán más lejos y de una manera más armonizada y creativa. Es el viejo cuento infantil de la tortuga y la liebre; para la carrera en velocidad la tortuga estaba más motivada y menos capacitada. Gana a la liebre que, teniendo más cualidades para la rapidez, está menos motivada.

La motivación es evolutiva y nos acompaña con diferentes contenidos y formulaciones en las distintas etapas del crecimiento humano. Hay motivaciones provisionales y eficazmente útiles para una etapa y otras que duran, creciendo en todo el itinerario personal de un hombre o de una mujer. Hay motivaciones maduras e inmaduras en referencia a la edad, objetivos, tareas, dimensiones de la vida. Existen motivaciones claras y bien formuladas y autoexpresadas y motivaciones disfrazadas, ocultas, enmascaradas por no ser socialmente aceptables en la subcultura de un grupo o de una colectividad humana.

Saberse motivar y saber motivar es un arte difícil en el proceso de madurar. Hacer coincidir la motivación en el momento justo de la maduración es la oportunidad de impulsar conductas direccionales queridas.

Motivación supone valoración de metas, consciencia de recursos y apoyo en puntos de arranque que conllevan una opción de valores muy personal.

Las motivaciones van configurando el interior de la persona dándole una calidad interna que, tal vez no se ve por fuera pero que acaba transparentándose.

Estar motivado firmemente es saber esperar. En el niño no cabe casi la distancia entre el deseo y la satisfacción. En el adulto, en la persona verdaderamente madura, puede haber una larga distancia entre deseo y satisfacción, mantenida por la motivación generadora de esperanza.

La cultura, la universidad, la empresa, nos suministran motivaciones realmente y frecuentemente desastrosas. Competitividad, éxito, consumismo creciente, estatus... La persona debe elegir su motivación sabiendo quién es y quién, de verdad, quiere llegar a ser.

No podemos exigir que el otro comprenda nuestras motivaciones, pero sí que respete nuestras opciones y conductas mientras no lesionen sus derechos y personas.

MOTIVACIÓN

Estar motivado, cuando las motivaciones son sanas, significa estar esperanzado. Tienes en marcha el proceso de tu vida impulsado por el motor de tus motivaciones y aunque los logros o metas no se hayan alcanzado, esas motivaciones seguirán vivas mientras tú las alimentes. La esperanza de llegar es parte de esa alimentación. Tal vez desde esta perspectiva el mundo se dividiría en personas con esperanza y sin esperanza o, dicho de otro modo, motivadas "para" o desmotivadas. Estar motivado es estar vivo personal y socialmente. Lo primero que deteriora la depresión es la motivación ilusionante, la opción por la vida.

Motivarse para cada día es contar con recursos para ser tú mismo en una dirección procesual, en la realidad que acontece, buscando y llegando a ser.

La motivación no es solo conativa, es decir de la voluntad, sino que es una experiencia integradora de la dimensión cognitiva y de la energía afectivo emocional. Tenemos motivaciones prestadas que podrán generar conductas puramente externas y motivaciones internalizadas que harán verdaderamente nuestras y auténticas las conductas nacidas de esa motivación.

La motivación es un ir y venir de fuera a dentro y de dentro a fuera; este ir y venir genera nuevos impulsos y rectifica la dirección de nuestros pasos para que la coherencia con la motivación se haga cada vez mayor y tenga un ámbito de eficacia más real.

Maslow escribía acerca de la autorrealización como motivación culmen de personas que han satisfecho sus necesidades básicas, en una pirámide en la que la autorrealización ocupaba la cima. Es verdad que la autorrealización, en la perspectiva de la psicología humanista, genera motivaciones auténticas y fuertes, pero también lo es que la motivación más abierta cuando llegas a un nivel personal importante te lleva a poner el centro de interés fuera de ti mismo/a. Se trata de un "descentramiento" maduro, que ha pasado de una motivación más egocéntrica a una apertura al otro, a los otros que llena tu vida y la hace fecunda.

La motivación puede reforzarse, en la subcultura grupal, con las motivaciones compartidas de los demás, con tal de que sean asumidas por ti. Dime que motivaciones tienes y te diré quien eres y quien puedes llegar a ser. La motivación no es independiente de la ética. La dimensión del *ethos*, tiene una palabra que decir sobre la bondad o malicia de nuestras motivaciones. Escucharla es rectitud y sabiduría, honestidad y bondad. Amor y motivación están estrechamente unidos. La motivación genera amor "hacia" y el amor hace que encuentres motivaciones "para". Háblame de lo que amas y cómo amas y descubriré tus motivaciones. La fortaleza esperanzada que acarrea el amor- motivación, es patrimonio de las personas maduras fieles a sí mismas y con apertura a los demás, en una coherencia creciente y armoniosa.

EL DESEO

El proceso de maduración exige el paso de la necesidad al deseo. Es verdad que nuestras motivaciones están estructuradas por necesidades, pero, en su crecimiento específicamente humano, pertenecen al universo personal del **deseo**. Podemos tener una concepción *circular* del hombre, en continuidad con los animales, donde cada punto lo elaboran las necesidades tensionantes y motivadoras que se repiten incesantemente gratificadas, satisfechas o frustradas. Otros ponen el acento en lo *lineal* de lo humano estrenando ámbitos para el deseo. Cada impulso hacia adelante lo inauguraría lo específico del deseo. Tal vez es más justa la visión *espiral* en la que cada mujer, cada hombre repiten sus conductas, estructuradas por el realismo de las necesidades y exploran la realización de sus deseos.

Somos sujetos deseantes, es decir personas en las que el deseo orienta, motiva, dirige, impulsa. El deseo lo inaugura la experiencia de separación radical: hijo/a-Madre. Nuestra condición de seres separados se afirma al decir: "yo no soy tú", y por ello permanentemente deseantes, constitutivamente relativos. La relación y referencia a "otra cosa" distinta de nosotros mismos nos constituye esencialmente.

MOTIVACIÓN

En el deseo late dinámicamente una aspiración a la **fusión con el otro**. Ser conscientes de nuestra situación relativa y de la energía de nuestra libertad genera deseos. Estos deseos se configuran por la tensión entre la experiencia de vacío y la esperanza de plenitud. En una perspectiva de maduración, esta tensión puede conducirnos a una relación de alteridad o a un encadenamiento fusional aniquilador. El proceso de madurez debe superar esa intolerable separación originaria de la madre (no tener un "útero") sin constituirse uno a sí mismo imaginariamente, en un narcisismo como lo que colma la falta del otro.

La palabra hace presente simbólicamente al otro y la mediación del padre nos permite asumir esa separación originaria. Pero este proceso de maduración no es fácil y nuestros deseos van dando tumbos entre sustituciones, sucedáneos y frustraciones, (deseíllos). Cuando alcanzamos el objeto deseado comprobamos que no nos llena y experimentamos un desnivel entre lo encontrado y lo anhelado. Madurar pasa por aprender vitalmente que no lo somos todo para nadie y nadie podrá serlo nunca par nosotros. No es fácil asumir ésto y convivir vital y pacíficamente con ello.

El deseo, hijo, muchas veces de la angustia, es padre de la motivación.

Madurar comporta:

1. Conocer y reconocer nuestros deseos.

2. Distinguirlos de nuestras necesidades.

3. Identificar los deseos profundos, de los concretos, parciales y puntuales.

4. Responsabilizarme de mis propios deseos.

5. Asumir nuestra soledad existencial (cf.Soledad), sin distraerla con vanas fantasías fusionales. Soledad que posibilita un encuentro auténtico con el otro. Sin devorarnos mutuamente ni siquiera en el "amor".

6. Renunciar a la omnipotencia infantil del deseo.

7. Abrirnos en apertura relacional desde nosotros mismos, al otro, como distinto.

Podemos padecer una apatía del deseo; esta situación nos impediría madurar. Generar deseos de vida, que no esclavicem sino liberen, abiertos respetuosamente a la libertad del otro o del OTRO, dinamiza la maduración personal motivándonos, en nuestra condición humana con realismo y grandeza.

Ejercicios: motivación

1. Relajadamente deja que fluyan las motivaciones más importantes que sustentan e impulsan tu vida. Formúlalas dándote cuenta de su consistencia, de su implantación en tu persona, de su dinamismo.

2. Sosegadamente y respirando con fluidez y serenidad, visualiza un mercadillo mágico en el que se pueden comprar todo tipo de cosas y dimensiones personales y humanas que puedan mejorar la calidad de tu vida. Paséate por ese mercadillo y date cuenta a qué puestos te lleva tu motivación. Qué ofrecen en ellos, qué cualidades o dimensiones humanas mejorarían tu calidad personal de vida. Date cuenta de lo que compras y observa las motivaciones que te han impulsado a hacerlo.

3. Hazte consciente de si estás o no motivado/a, para tu crecimiento personal. Observa si has pactado con un cierto inmovilismo, con un sobrevivir mediocre o todavía hay en ti resquicios para la esperanza motivadora de conductas que te ayuden en tu crecimiento personal y social. Observa si te interrogas acerca de ti mismo/a, de si estás lleno de tu ego, pensando ilusoriamente haber alcanzado la perfección o, de una manera más realista, te ves en proceso y en búsqueda motivada para seguir caminando y haciendo camino al andar.

29

SOLEDAD

*"Pero porque pido silencio
no crean que voy a morirme.
Me pasa todo lo contrario
sucede que voy a vivirme,
sucede que soy y que sigo..."*

Extravagario, **Pablo Neruda**.

La soledad, con el **silencio** que genera, asusta y atrae. Es una característica del hombre y de la mujer maduros poder estar solos, convivir integradamente con la soledad. La sociedad urbana y su cultura nos lleva a un aislamiento que no tiene nada que ver con la soledad y que entre sus males, procura un bien que es el de la independencia con respecto al entorno. En una cultura de masas, la muchedumbre, el anonimato, la soledad se vive ambiguamente: se busca y a la vez no se la tolera si no reúne la persona las características de crecimiento que permitan integrar esta soledad y su silencio.

Como afirmo, tenemos que distinguir la soledad del aislamiento y de la solitariedad. Aislamiento es una condena a una especie de soledad. Nos habla de cárcel, de ausencia de otros, de castigo, de frustración, de inhabilitabilidad. La solitariedad: el hombre o la mujer solos y solitarios están, paradójicamente, gritando la incapacidad de comunicación. El desierto de relaciones humanas. No hay peor "soledad" que la de dos en compañía.

La soledad puede ser evasión, huida o, simplemente, impotencia para la relación verdadera. En este caso no vas a la soledad sino que huyes de los otros. Pero la soledad puede también convertirse en encuentro; allí en el horizonte de una experiencia de búsqueda. Soledad elegida; hecha de renuncia, de búsqueda y de esperanza. Se trata de una soledad no compulsiva, no obligada. Pasa por el encuentro y el contacto auténtico, sin interferencias, con uno mismo y presupone relaciones intensas y profundas, exige y necesita autoestima, apertura a la verdad y, por último, capacidad de soledad. El hombre de hoy es poco capaz de soledad.

La soledad auténtica que ayuda a la madurez es "una soledad sonora"; soledad habitada por uno mismo en contacto con el propio corazón. Encuentras en la soledad lo que te lleva a la soledad.

Para experimentar esta soledad es necesario un mínimo de salud y madurez. El niño no puede estar solo. El adolescente no quiere estar solo. La mujer o el hombre inmaduro no sabe estar solo.

A. Maslow, cuando habla de autorrealización, uno de los rasgos que subraya es la capacidad para las relaciones humanas profundas y para la soledad.

Es difícil esta soledad cuando se vive aislado (porque se percibirá como soledad inhóspita); cuando se vive confluencia (en fusión con otro y con otros sin definición de límites e identidades claras), porque se vivirá la soledad como ausencia y confusión. Sin el otro no sé quien soy, con el otro tampoco si no sé estar solo. La soledad "son los otros": los que me hacen conscientes de mi soledad no querida.

La soledad es inherente a la experiencia humana: soledad del corredor de fondo. Ser persona pasa por asumir la soledad aunque sea en medio de grupos, pareja, familia...

El hombre, la mujer están solos en las experiencias más profundas de dolor y de gozo aunque estén, relativamente, acompañados. El ser humano se encuentra solo, ante las más radicales decisiones, ante la opción responsable por el amor, en la experiencia de libertad y, por fin, ante la muerte.

La soledad da miedo por su cortejo de fantasmas: abandono, pérdida, amenaza sin tener a quien recurrir para ser ayudado, responsabilidad e impotencia... Estos fantasmas se aumentan y confirman si poblamos la soledad: autoagresión, culpabilidad, resentimiento, disgusto por vernos y entrar en contacto con nosotros mismos. En la soledad encontramos un autoconcepto que no nos gusta, que tal vez odiamos y nos resulta una condena estar con nosotros mismos. Nos asusta el silencio de la soledad, porque la soledad pasa por el aprendizaje y la experiencia de silencio. La soledad es un diálogo con el silencio. Nada fácil, pero si es auténtico, será muy fecundo.

La soledad es oportunidad y libertad de ser uno mismo, de trazar nítidamente mis fronteras para poder ser yo y, a la vez, estar de verdad con los otros y poder decirles mi silencio y mi palabra.

La soledad es una conquista de la madurez, un espacio de crecimiento personal. Aunque no la busquemos no podremos nunca evitarla. En la soledad puedo ejercitar desnudamente la creatividad y mi originalidad irrepetible.

1. Fases de la soledad

- Adiós.
- Desierto.
- Encuentro con el ego.
- Liberación del ego.
- Encuentro nuevo conmigo mismo en lo más esencial.
- Encuentro con los otros estrenando relación y, para algunos, encuentro con el Dios ausente y presente.

La incapacidad de soledad tiene que ver con el narcisismo y la autoagresión. El narcisista necesita admiradores y el que se autoagrede necesita distraer las fuerzas que le deterioran. La necesidad de los otros, cuando nos invade, hace que busquemos rodearnos de un entorno de admiradores. La invasión del ego que llena de ruidos nuestra existencia ahuyenta el silencio de la soledad.

La soledad es escucha, acogida, experiencia de pobreza y enorme riqueza.

El aprendizaje de la soledad conlleva un cierto camino por el desierto con la esperanza de un oasis. Exige una confianza básica en la bondad ontológica del ser humano: lo que vamos a encontrar profundamente es bueno. La soledad es la sabiduría del pobre y es el encuentro con la paz y con los otros.

Decía que la soledad conlleva *Silencio*. Estamos hechos de palabra y silencio. Nos "haremos" si sabemos armonizar la palabra y el silencio. El silencio no es la ausencia de palabras sino la actitud ante el otro, ante mi mismo, ante el misterio.

El silencio es la condición de posibilidad para poder escuchar de verdad al otro.

"Cuando el amigo permanezca en silencio, que vuestro corazón no deje de oír su corazón" (**Jalil Gibrán**).

El silencio nos asusta, vivimos en una cultura del sonido y del ruido. Nos asusta porque no controlamos la realidad. Porque nos encontramos con nuestros fantasmas y no sabemos quien es el otro solo porque no oímos sus palabras, de las cuales frecuentemente no podremos fiarnos del todo. El silencio nos revela nuestro misterio y nos produce un vértigo existencial.

Aprender a hacer silencio consiste en liberarnos del propio ego, sosegar nuestra morada interior y escuchar el susurro del ser.

2. Niveles de silencio

- Ambiental, el que encontramos en la naturaleza, en la montaña, junto al mar en una playa solitaria.

- Corporal, el que se produce en nuestro cuerpo a través de la relajación sosegante y pacífica.
- Mental, cuando se acallan los parloteos interiores y el murmullo constante de las imágenes y las palabras.
- Afectivo, cuando se remansan nuestro sentimientos más hondos y la atmósfera interior se hace transparente y serena.
- Místico, cuando acontece en nosotros abierto o no a la transcendencia.

Ejercicios: soledad

1. Imagínate en una noche agradable de verano solo/a respirando la atmósfera, la soledad que experimentas. Date cuenta de qué palabras habitan tu soledad, qué palabras salen de tu silencio, de tu persona. Respíralas. ¿Qué te dicen de ti mismo/a, de tu vida actual? Comienzas a ver amanecer... el paisaje va cobrando su rostro. El sol nacido de lo alto va susurrando los colores a las cosas y poniendo en tu corazón las palabras del día. Respira esas palabras que brotan de ti, escúchalas, acógelas en silencio.

2. La meditación rítmica tiene como efecto generar silencio. Elige dos palabras positivas, pacificantes que generen bienestar en lo más hondo de tu persona y repítelas interiormente acompasándolas al ritmo de tu inspiración, espiración. Al cabo de unos minutos experimentarás un sosiego y las palabras irán silenciándose quedándote a solas con el simple y profundo hecho de respirar.

3. Lee este cuento Oriental y si te sientes motivado/a busca la oportunidad de practicarlo en contacto con la naturaleza, con la montaña, el campo, el mar... Se trata de un templo en una islita cercana a la costa, allá en la India,

que tenía mil campanas que al ser movidas por la brisa del mar, formaban una música deliciosa. Los fieles acudían a aquel templo para hacer sus cultos y sobre todo para escuchar esa música profunda y conmovedora. Vino un maremoto y se hundió la isla, el templo; pero los pescadores de la costa mantuvieron la convicción de que todavía, en algunos días de especial silencio, podía escucharse la música de las mil campanas. Un joven del norte de la India oyó aquella leyenda –o realidad– e hizo un larguísimo viaje para acercarse a la aldea de pescadores, donde se podía tener la experiencia del silencio habitado por la música de las mil campanas del antiguo templo. Se levantó al amanecer, recorrió la larga playa buscando un lugar silencioso para tener la experiencia de las mil campanas y siempre se sentía interrumpido por el rumor del oleaje, la brisa y el viento, las gaviotas pescando, los sonidos y cantos de los pescadores cuando volvían de faenar en la mar. Su cuerpo se tensaba procurando luchar contra aquellos sonidos y ruidos que le impedían el silencio buscado. Después de semanas y meses se dio por vencido y decidió abandonar la empresa y volver a su tierra. Antes de hacerlo quiso despedirse de aquellas gentes amables y sencillas, recorrer los paisajes que tanto habían caminado sus pies y, cuando lo estaba haciendo, comenzó a darse cuenta de que el sonido y el rumor de las olas era hermoso, que el viento y las gaviotas llenaban su corazón de vida y de paz, que los cantos de los pescadores eran un himno a la vida. Cuando estaba concentrado en esos sonidos habituales que siempre había despreciado, escuchó de repente en su interior una campana, otra, otra, hasta tener la experiencia profunda de la música del antiguo templo. Si no escuchamos la vida y sus sonidos, incluso sus ruidos, si no escuchamos las risas y el llanto de la humanidad, nos será muy difícil adentrarnos en la experiencia de silencio profundo. Aprendamos a escuchar para llegar al corazón de esos sonidos en los que se alberga el silencio.

30

ELEGIR

El proceso vital, si sigue un desarrollo auténtico, pasa por el acto de elegir, de escoger. Escoger mi vida va a ser el acto de consciencia libre, fundante de mi identidad adulta[13]. Nos hacemos personas eligiendo. Tarea nada fácil por todo lo que supone y acarrea, pero a la vez apasionantemente desafiante para pasar de una vida planificada a una vida elegida. De la vida diseñada desde fuera, a la creatividad personal que va dejando la huella cada vez más honda de individualidad única, irrepetible, insustituible que somos. La vida se nos da escogida; no solo genéticamente orientada, sino a veces directa y explícitamente prefabricada. En psicología, los ecos de **Watson y Skinner**, "fabricadores de vidas y conductas", tiene todavía una impronta demasiado intensa. Se encarga un niño y al nacer se le encarrila la "vida", se le programa una educación, se le orienta estrechamente hacia determinadas metas, se le amaestra para que responda adecuadamente a la cultura, y se le premia o castiga en función de los valores de las

---

13. El curso "*Aprender a elegir*", en el INSTITUTO de Interacción, MADRID, impartido por **José Mª Burdiel, Carmén Gª de la Haza** y **José A. García Monge**.

personas que orientan su vida. No es que todo eso sea malo; a veces es inevitable y tiene sus aspectos sanos, personal y socialmente considerados. Se trata de un andamiaje provisional necesario o, sencillamente, útil que ayudará en los primeros pasos del niño o en el acontecimiento adolescente. Tal vez, como ocurre en más de la mitad de la humanidad, desde otra perspectiva tercermundista, al niño que nace se le condena a vivir en una marginación que otros le han fabricado, con los desperdicios de su malestar. Se le condena a vivir una vida que otros han tirado al basurero.

1. ¿Quién decide mi vida?

No solo hablamos de una cierta dirección genética o del aprendizaje familiar o social. Nuestra vida está programada desde muchas instancias, que van desde lo económico a lo más sutilmente cultural. Nuestra vida está decidida desde el mercado; la sociedad de consumo quiere saber no quiénes somos, sino lo que vamos a consumir, el dinero del que vamos a disponer, y nos va a motivar y a programar en este sentido; al final solo yo seré un consumidor cuantificable, numéricamente identificable. Desde la política de intereses partidistas, soy y seré un elector y, probablemente, sólo interesaré como elector (en caso, claro está, de democracia; en el resto de la humanidad manipulada y oprimida por dictaduras, seré mano de obra barata o excedente humano inservible).

La publicidad, al condensar conductas teledirigidas, decide qué intereses voy a tener, hacia dónde voy a dirigir mis gustos. De la misma manera que la moda decide cómo voy a vestir, la cultura decide cómo voy a pensar, valorar, aprender a esquivar la vida. La subcultura grupal, familiar, el apellido o el estatus, van a decidir casi todo el resto.

Verdaderamente, queda muy poco abierto a la libertad del individuo; queda poco donde escoger.

La empresa, las instituciones de diferentes tipos, la religión, con su moral, tienen -es verdad- una palabra que decir, pero al ideologizarse, pueden suplantar mi responsabilidad vital en función de intereses respetables, pero no del todo respetuosos, de la libertad del individuo. Los roles sociales tienen también un peso importantísimo en la planificación de mi vida. La familia también nos maneja para evitar que nos manipulen, pero la dependencia aprendida en la familia de una manera estricta producirá, más tarde, los frutos no deseables de acomodación y dependencia, que nos permiten cambiar de amo, pero no ser verdaderamente libres. El hombre, la mujer, dimite de su vida diluyéndose en una sociedad enferma, dejándose llevar por las diferentes corrientes que nos deciden desde fuera, incluso bajo el pretexto de hacernos un bien.

Preguntarse por quién decide mi vida es interrogarse por el *locus of control*. En la respuesta, forzosamente compleja, no podemos pasar por alto las fuerzas que influyen en mi decisión o decisiones desde eso que llamamos inconsciente. La tarea de construir un yo para toda la vida es la extensión de la consciencia, es rescatar lo que soy y quiero eficazmente ser desde mi realidad nebulosa. La consciencia me permite escoger. Me permitirá ser quien soy, ser quien quiero ser.

Esta tarea conlleva un diálogo con la realidad. Mi vida no es un acontecimiento individual, aislado, interior sino **una encrucijada social**, un diálogo entre el barullo y el silencio.

Las amenazas contra la libre elección de mi propia vida, entre otras muchas, son el **autoritarismo** y la **permisividad**. El autoritarismo es la eficacia invasora de un poder decisorio, que manipula desde fuera. La permisividad me hurta modelos de referencia que necesito, para poder escoger y me abandona al zarandeo de todo viento cambiante. El autoritarismo me suplanta. La permisividad total me desorienta, disfrazada de confianza en mis propios recursos. Se trata, como vemos, de un difícil equilibrio: a quién o a qué doy poder para decidir mi vida. La respuesta sana sería: "admitiendo muchas fuerzas que me influyen, reservarme el campo de la decisión a mi mismo". No se trata de decidir ni con dependencias que me suplantan, ni con contra-dependencias que me permiten sólo elegir aquello que agrede al poder o a la autoridad. Lo importante es que yo lleve el timón de mi propia vida.

2. El riesgo de escoger

Escoger es un acto arriesgado. El problema de escoger está en el temor al error, a la equivocación, a la culpabilidad que nos acarrearía hacerlo "mal". Este riesgo genera a veces tal intensidad de angustia que puede resultar paralizante.

Los fantasmas que nos asustan en el proceso de escoger, entre otros muchos, suelen ser el deseo omnipotente o la dolorosa realidad limitada. El deseo omnipotente fantasea una total libertad **de**. La realidad limitada nos permite imaginar que estamos o somos personas totalmente condicionadas **por**. La realidad equilibrada es que tenemos una modesta libertad **para** escoger. Escogerme, si sé asumir mi elección, no hipoteca mi libertad, sino que me permite ejercitarla: hacerme más libre.

Escoger conlleva percibir, valorar, establecer prioridades, renunciar, elegir y comprometerse con lo elegido. Al escoger algo estoy eligiendo ser alguien. Esto es muy importante porque nuestras elecciones nos personalizan aun con el riesgo de que, haciéndolas mal, nos puedan deteriorar. Influidos por necesidades, a veces compulsivas o acuciantes, por deseos, por expectativas de otros, por premios o castigos, por aterrorizantes culpabilidades, por miedos o angustias, el acto de escoger es un acto densamente humano, amenazado por el bloqueo paralizante que nos impediría equivocarnos (y también vivir) y por la compulsión de una tempestad de movimientos, producida más por la vida que nos lleva en su corriente que por llevar nosotros nuestra propia vida.

3. Vivirse desde fuera

Para protegernos de escoger nuestra vida y repartir responsabilidades aprendemos muy pronto a decir "yo tengo, yo debo" en lugar de: "yo quiero, escojo y elijo". No es que esté mal apelar responsablemente al sentido del deber, pero sí sería un empobrecimiento reducir nuestra vida a una programación legal, *superyóica*, hecha desde instancias autoritativas del deber. El camino de la madurez personal va del "yo tengo" y "yo debo" al "yo quiero" y "escojo". Este camino se ve a veces amenazado por algo tan postmoderno como es el "me apetece y me gusta" que a veces se considera como el criterio decisivo de la acción. Me apetece no es más que una pista indicadora de una parte importante de nuestra experiencia, pero, probablemente, no decisiva. El camino de la personalización al elegir, recoge muchas pistas, pero prioriza, valora, selecciona y decide unificándose con todo el ser. La apetencia no es estación término; es tan solo un momentáneo apeadero, más o menos agradable, y un dato de nuestra compleja realidad.

Si no escojo más que vivir, seré vivido y me tendré que conformar con sobrevivir, pensar en la vida, soñar la vida. Es decir, funcionar, no vivir. La vida pensada no es más que un ensayo de la vida vivida. La vida vivida es la experiencia, es el fluir de experiencias. Solamente aquí nos encontramos maduramente con una existencia habitada por mí. La tendencia actualizante, concepto fundamental para **Carl Rogers**, nos lleva a nosotros mismos de una manera más compleja y a la vez más unificada, más personal, más autentica. La memoria y el deseo iluminarán la experiencia vital del proceso de ser persona, que, necesariamente, pasa por la arriesgada elección de ser yo mismo y de escoger mi propia vida.

Del "mi vida es mía" (reto, liberalismo y posesividad) dialéctico al "yo soy mi vida", que conlleva elección y compromiso, hay un camino de maduración. Al escoger mi vida estoy eligiendo la única que puedo vivir en coherencia con quien soy. ¿Qué estoy escogiendo al elegir mi vida? escojo ser mi cuerpo y en mi cuerpo; ser mi sexualidad y en mi sexualidad; ser mi realidad y en mi realidad; ser mis valores y en mis valores; ser yo ante los tús que elijo para verificarme. Escojo mi argumento vital, como dicen algunos modelos psicológicos, mi guión existencial. Ese hilo conductor -parte consciente o menos consciente- que irá enhebrando decisiones y conductas para dar razón coherente de mi existencia feliz o desgraciada. Es verdad que, si tengo una visión profunda del hombre, de la mujer, sabré, sapiencialmente, que al escoger mi vida estoy haciendo una elección más grande que la actividad con la que lleno mi tiempo: la profesionalidad. Sabré que, en realidad, no quepo en mi vida, que soy más grande que mi muerte.

4. Habitar mi vida

Escoger mi propia vida es hacerla habitable. Mi vida será el lenguaje que puede expresar quién soy de verdad yo. Puedo elegir entre ser un hombre o una mujer habitado por mí y abierto a los otros o una "persona deshabitada".

4.1. El arte de escoger la vida

La vida es proyecto, tarea, llamada y don. Escoger mi vida supone elegir a qué o a quién quiero dar **mi vida**. Implica, primero, que mi vida es mía, (esto supone ya un grado mínimo de madurez personal) y, segundo, que puedo darla, entregarla. Al darla me doy, "pierdo" y, tal vez gozosamente, me encuentro.

Escoger mi vida es difícil. Primero hay que acoger la vida, asumirla; segundo identificar la autenticidad de mi vida. La necesidad de identificación racional y afectiva exige diálogo, confrontación, comunicación y soledad. Escoger mi vida exige decir SÍ y NO. Decidirse a habitar la propia vida es escoger el camino de ser feliz, sabiendo que por la vida pasa el dolor y el gozo y, que no puedo huir de mi propia vida cuando aparece el fantasma del dolor, ni puedo alienarme en el supuesto gozo. Escoger mi vida es tener una causa por la que vivir y, que tal vez, incluso dé sentido al morir. Escoger es el prólogo de una existencia auténtica. Sin obsesionarme con mi propia realización escojo siempre relacionalmente en un diálogo con la realidad interna y externa.

El perfeccionismo es una incapacidad de elegir. Es verdad que en la cultura actual tenemos inmensa pluralidad de modelos que dificultan una coherente elección. Pero, al mismo tiempo que la dificultan, la posibilitan como libre. Es decir, la pluralidad de modelos hace difícil el acto de escoger, pero me garantiza que la elección será exactamente, o lo más aproximadamente posible, lo que yo quiero para mí. Es más fácil comprar en la tienda del pequeño pueblo que en el gran almacén de la ciudad; y, sin embargo, aunque sea más fácil elegir no por eso es más fácil acertar. Elegir es ser consciente de mis capacidades, motivaciones, valores. Escoger la acción a sabienda que soy más grande de lo que hago y que mi vida no cabe en mis hechos aunque se exprese a través de ellos.

5. Escoger es una forma de amar

Escoger la vida es, en el fondo, elegir el lenguaje y los gestos que van a acarrear más amor desde la propia y auténtica existencia. Un tradicional planteamiento equivocado ante la elección de vida nos hace pensar que tenemos delante varias vidas y yo tengo que elegir una de ellas. El problema estará en acertar con la verdadera. Un planteamiento más adecuado me indica que no tengo más que una vida; el problema no es acertar con la verdadera, sino amar la que tengo y ser capaz de amar desde ella. La cuestión no está tanto en "acertar con lo elegido", como en la tarea de elegir lo amado y amar lo elegido. La pregunta auténtica es: ¿qué proyecto de vida me permitirá amar más lúcidamente y mejor?, ¿qué coherencia personal me invitaría a ser yo mismo en el amor, aun cuando pase por el dolor y el conflicto? Escoger la propia vida es liberar operativamente toda mi capacidad de amar y actuarla en una existencia históricamente tangible sabiendo que "al atardecer de la vida se nos examinará del amor".

Ejercicios: elegir

1. Memoria de mis decisiones pasadas. Después de una breve relajación deja que te vengan dos o tres encrucija-

das en tu vida. Momentos importantes en los que tuviste que elegir. Momentos que suponían cambios en tu vida. Recuerda la primera, la visualizas, y cómo te sentías antes de elegir y después de haber elegido... Date cuenta de qué influencias hubo, pero elige aquellas en las que tienes la sensación de haber dicho tu palabra. Cuando hayas visualizado la encrucijada pasa a otra. ¿Cómo te sentiste?, ¿libre?, ¿presionada/o?, ¿en paz? Hazte consciente del sabor de boca que te dejan esas experiencias de elección en tu vida. Quédate con alguno de los sentimientos dominantes formulándolos en una o dos palabras.

2. Dibuja en un hoja la línea de tu vida y las decisiones más importantes tomada en ella. En esa línea desde que naciste hasta el momento presente expresa, en el dibujo, los altos y bajos, los líos y confusiones, los problemas y turbulencias... Sitúa flechas en los momentos existenciales en los que tomaste algunas decisiones. Valora estas decisiones, con la perspectiva del tiempo y la reflexión, con signos positivos o negativos y escucha lo que te puede enseñar tu propia experiencia.

3. Aprender de una elección errónea. Recuerda una situación, una elección que tú consideras errónea, una decisión en la que hoy tú puedes decir: me equivoqué al elegir aquello. Métete en la persona que eras antes de elegir aquello: qué luz tenías, qué conomiento consciente, qué datos, presiones, necesidades personales empujaban tu vida en esa decisión. Observa y recuerda cómo veías las alternativas y date cuenta de que al elegir buscabas un bien para ti, a tientas, un bien corporal, algo que era significativo y valioso para ti... Dite a ti mismo/a: me comprendo con la luz que yo tenía al buscar lo que entonces veía como un bien. Mira con comprensión la persona que eras entonces. No te reproches ni te agredas. Pregúntate qué aprendiste en esa decisión, qué aprendiste que ahora sabes y entonces no sabías.

Resume el mensaje de esa elección "errónea", agradeciéndole lo que aprendiste de ella. Acéptate con realismo como más grande que tus decisiones, aunque tu vida pase por ellas. El que hayas sufrido o hayas hecho sufrir no significa que eres malo/a sino que no habías aprendido lo que ahora sabes, después de esa decisión equivocada. No te juzgues con la luz que ahora tienes. Reconcíliate contigo, con la persona que eras y con lo que entonces buscabas... Respira diciéndote "estoy vivo, convivo con el peso de esa elección, pero mi vida sigue creciendo". Visualiza la persona que eras entonces regalando al hombre o a la mujer que eres ahora una lámpara de aceite para iluminar en adelante tus decisiones. Dile a la persona que eras: "estoy vivo, soy más grande que mis decisiones y tengo esta lámpara de la sabiduría y la experiencia, que me has regalado para seguir creciendo y aprendiendo a amar".

APÉNDICE

Para no quedarme en las treinta palabras que, a mi juicio, son significativas e importantes para construir la madurez personal, voy a ofrecer como apéndice algunos esquemas más objetivos entresacados de diferentes autores que se han significado en la historia de la psicología. Para entender estos resúmenes, habría que contextualizarlos, situando al autor y su obra dentro de la teoría de la persona[14] y la observación de las conductas en las que la investigación ha concluido con estos rasgos indicadores del proceso de maduración. Simplificación apresurada, pero que ayudará, así lo espero, al lector a completar lo que hasta ahora era más vivencial y pertenecía al contacto con la experiencia vital. Las treinta palabras, que nacieron en una síntesis integradora de la persona, las he ofrecido en su dimensión psicológica, sin evitar el dialogo interdisciplinar con la antropología, la filosofía y la sociología. Ahora esquematizaré, como señalo, algunos autores y las características que han destacado de la madurez.

---

14. Después de publicada "*Treinta parlabras para la madurez*", la Ed. Pirámide (1998) nos ofrece la obra de **Juan José Zacarés** y **Emilia Serra**, docentes de la Universidad de Valencia: "*La madurez personal. Perspectivas desde la Psicología*". En ella encontrará el lector material abundante para una profundización académica del tema.

Abraham Maslow

1. Eficiente percepción de la realidad.
2. Aceptación general de la naturaleza, nosotros, de sí mismos.
3. Espontaneidad, simplicidad y naturalidad.
4. Centro de atención fuera de ellos mismos.
5. Necesidad de independencia y soledad.
6. Funcionamiento autónomo.
7. Inacabable frescura de apreciación.
8. Experiencias "místicas" o "culminantes" (peak).
9. Interés social.
10. Relaciones interpersonales fuertes y hondas.
11. Estructura de carácter democrática.
12. Distinción entre medios y fines, entre bueno y malo.
13. Sentido del humor no cáustico.
14. Creatividad.
15. Resistentes a la inculturización.

Sigmund Freud

1. Freud se fija más en el hombre enfermo o neurótico que en el ideal.
2. El hombre deseable tiene un yo fuerte, guiado por el principio de realidad con conocimiento de sí mismo y de los demás.
3. Autónomo, independiente de los padres y de los grupos. El individuo debe llegar a hacerse padre de sí mismo.

4. Más realista que creativo.
5. Genitalidad o capacidad para tener una relación de intimidad y amor con auténtico altruismo con otra persona.
6. Capacidad de sublimación, no de represión, de lo erótico y lo tanático.
7. Poder amar y trabajar.

Erich Fromm

1. Amor productivo.
2. Pensamiento productivo.
3. Felicidad.
4. Conciencia.
5. Orientación biofílica en lugar de necrofílica.

Estos rasgos los encuadra **Erich Fromm** en las motivaciones de la personalidad sana. Además de las tres en común con los animales: sexo, hambre y sed, las necesidades personales son para **Fromm**:

1. Comunicación.
2. Trascendencia.
3. Enraizamiento.
4. Sentido de identidad.
5. Marco de referencia y de dedicación.

Carl Jung

1. Gran nivel de autoconocimiento.
2. Gran autoaceptación de todas las partes de su personalidad.

3. Integración de todas estas partes en un todo armónico.
4. Gran capacidad de autoexpresión.
5. Aceptación y tolerancia con la naturaleza humana en general.
6. Aceptación de lo desconocido y del misterio.
7. Personalidades universales.

Gordon Allport

1. Extensión del propio yo.
2. Autoconocimiento objetivo.
3. Relación cálida con los demás.
4. Seguridad emocional.
5. Percepción realista.
6. Posesión de ciertas capacidades y habilidades.
7. Una filosofía unificadora de la vida.

Viktor Frankl

El hombre, la mujer con una personalidad sana y madura se caracteriza por estas dimensiones:
1. Escoge su propio camino de acción.
2. Es personalmente responsable del curso de su conducta y la actitud que toma frente a su destino.
3. No está determinado por fuerzas fuera de él mismo.
4. Ha encontrado un sentido en la vida que le va.
5. Tiene control consciente de su vida.

APÉNDICE

6. Es capaz de experimentar valores experienciales, actitudinales, y creativos.
7. Ha trascendido la preocupación por sí mismo.
8. Orientado hacia el futuro y buscando metas en él.
9. Dedicación al trabajo con creatividad.
10. Capacidad de dar y recibir amor.

Termino este breve recorrido, difícil de desarrollar por toda la riqueza de contenidos y matices que cada uno de estos rasgos conlleva, ofreciendo un cuestionario de opiniones que nos permitirá, en línea con **Maslow** y su concepto de autorrealización, situarnos aproximadamente en este proceso, aunque, la realidad y su percepción sana es más importante que cualquier test.

TREINTA PALABRAS PARA LA MADUREZ

CUESTIONARIO DE OPINIONES

¿Hasta qué punto estoy de acuerdo con estas afirmaciones sobre mí mismo? No se trata de responder según "cómo me gustaría ser o pensar", sino cómo me siento ahora, cómo pienso ahora. Pon una X en la casilla que más se aproxime a tu respuesta.	Enteramente de acuerdo	de acuerdo, pero no del todo	indeciso, pero más bien sí	indeciso, pero más bien no	en desacuerdo, pero no del todo	totalmente en desacuerdo
1. Creo que la gente es a la vez buena y mala.						
2. Al menos de vez en cuando me gusta estar solo.						
3. En mi vida he tenido momentos de intensa felicidad.						
4. Quiero y me cae bien gente con la que no estoy de acuerdo y cuyo comportamiento no apruebo.						
5. La gente es fundamentalmente buena: uno puede fiarse de los demás.						
6. A veces tomo decisiones muy espontáneas y me fío de esas decisiones.						
7. Me siento libre para ser yo mismo con todas sus consecuencias.						
8. Me siento capaz de aceptar el riesgo de ser yo mismo.						
9. Para mí, trabajo y juego es lo mismo; disfruto con lo que tengo que hacer.						
10. Me siento totalmente dedicado a mi trabajo.						
11. Vivo según un sistema de valores que siento como míos.						
12. Me siento seguro de mí mismo.						

APÉNDICE

Para la interpretación de las puntuaciones individuales en esta comprobación del nivel de autorrealización, concepto afín a la madurez, hay que seguir las siguientes indicaciones. En primer lugar, en cada uno de los 12 ítems del cuestionario, hay que puntuar el grado de acuerdo o desacuerdo con la opinión que se expresa en cada uno de ellos. Se pondrá un 1 cuando se esté en total desacuerdo; 2 cuando se esté en desacuerdo, pero no del todo; 3 cuando se esté indeciso, pero más bien en desacuerdo; 4 cuando se esté indeciso pero más cercano al acuerdo; 5 cuando se está de acuerdo pero no del todo; por último 6 cuando se está totalmente de acuerdo con el enunciado del ítem. La puntuación total es la suma de las puntuaciones de todos los ítems. Puesto que es difícil valorar la puntuación obtenida si no se establece un grupo de comparación, ofrecemos tres niveles de autorrealización (ALTO, MEDIO Y BAJO), tomando como referencia las puntuaciones que se han obtenido en una muestra de personas universitarias de edad media interesada en su crecimiento personal. Se trata de hombres y mujeres con diferentes ocupaciones profesionales y tareas personales. El nivel de autorrealización puede considerarse ALTO cuando la suma total nos da una puntuación mayor de 59; MEDIO si la puntuación obtenida se sitúa entre 44 y 58, por último, el nivel de autorrealización será BAJO si se obtiene, al sumar los ítems, menos de 43 puntos.

Después de situarte confrontándote con puntuaciones altas, medias o bajas, no se trata de que te etiquetes quedándote ahí. Es sólo una aproximación estadística que pretende iluminarte pero, sobre todo, motivarte en el crecimiento personal y en la tarea, que nos incumbe a todos, de la maduración. Gracias por tu atención, comprensión, diálogo contigo mismo/a y, sobre todo, por la motivación explicitada en la lectura de estas páginas de un crecimiento madurante. Si sabes buscar, encontrarás en el fondo de ti mismo/a esa energía transformante. Tal vez necesitarás de ayudas para proseguir el proceso de ser persona, todos las hemos necesitado y las necesitamos. Este libro no es más que una modesta herramienta para tu trabajo personal, no para ser sólo leído, sino también experienciado, puesto que, en este campo como en otros, TÚ TIENES LA PALABRA. Gracias.

José Antonio García- Monge (Almazán, Soria, 1934). Licenciado en Derecho (Universidad de Valladolid), en Teología (Universidad Gregoriana de Roma), en Filosofía (Universidad de Quito, Ecuador) y en Psicología (Universidad Pontificia Comillas, Madrid). Es Diplomado por la Asociación Médico-Psicológica A.M.A.R. de París y diplomado en Psicología de la Religión (Bruselas).

Actualmente es Profesor de Psicología y de Psicología de la Religión en la Universidad Pontificia Comillas y también profesor y colaborador de la UCA en El Salvador y Nicaragua. Es psicoterapeuta en el *Instituto de Interacción y Dinámica Personal* y miembro de la FEAP (Federación Española de Asociaciones de Psicoterapia).

Ha publicado colaboraciones en el *"Diccionario de Conceptos fundamentales de Pastoral"* y *"Diccionario de Conceptos fundamentales de la vida religiosa"*. Ha presentado ponencias en los Congresos Internacionales de Psicoterapia Gestáltica. Es co-editor con Carlos Alemany de *"Psicología y ejercicios Ignacianos"* Vols. I y II. Sal Terrae-Mensajero 1991 (agotados). También: "Los sentimiento de culpabilidad" Ed. S.M. Madrid, 1991. Es colaborador habitual de las revistas *Sal Terrae, Cuadernos de Oración Catequética*, etc.

Sus intereses profesionales y sociales tienen que ver con la formación de terapeutas, las cuestiones fronterizas entre Fe y Psicología, la Psicología de la Religión, la psicopedagogía de la meditación profunda, etc. Trabaja también en programas de rehabilitación de prostitutas, marginación (Tercer Mundo) y formación de Terapeutas para *Proyecto Hombre*.

En esta misma colección ha colaborado en el Vol. 1. *"Relatos para el crecimiento personal"* y en el Vol. 7. *"El cuerpo vivenciado y analizado"*.

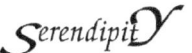

DIRECTORA: OLGA CASTANYER

1. *Relatos para el crecimiento personal*. CARLOS ALEMANY (ED.). (6ª ed.)
2. *La asertividad: expresión de una sana autoestima*. OLGA CASTANYER. (30ª ed.)
3. *Comprendiendo cómo somos. Dimensiones de la personalidad*. A. GIMENO-BAYÓN. (5ª ed.)
4. *Aprendiendo a vivir. Manual contra el aburrimiento y la prisa*. ESPERANZA BORÚS. (5ª ed.)
5. *¿Qué es el narcisismo?* JOSÉ LUIS TRECHERA. (2ª ed.)
6. *Manual práctico de P.N.L. Programación neurolingüística*. RAMIRO J. ÁLVAREZ. (5ª ed.)
7. *El cuerpo vivenciado y analizado*. CARLOS ALEMANY Y VÍCTOR GARCÍA (EDS.)
8. *Manual de Terapia Infantil Gestáltica*. LORETTA ZAIRA CORNEJO PAROLINI. (5ª ed.)
9. *Viajes hacia uno mismo. Diario de un psicoterapeuta en la postmodernidad*. FERNANDO JIMÉNEZ HERNÁNDEZ-PINZÓN. (2ª ed.)
10. *Cuerpo y Psicoanálisis. Por un psicoanálisis más activo*. JEAN SARKISSOFF. (2ª ed.)
11. *Dinámica de grupos. Cincuenta años después*. LUIS LÓPEZ-YARTO ELIZALDE. (7ª ed.)
12. *El eneagrama de nuestras relaciones*. MARIA-ANNE GALLEN - HANS NEIDHARDT. (5ª ed.)
13. *¿Por qué me culpabilizo tanto? Un análisis psicológico de los sentimientos de culpa*. LUIS ZABALEGUI. (3ª ed.)
14. *La relación de ayuda: De Rogers a Carkhuff*. BRUNO GIORDANI. (3ª ed.)
15. *La fantasía como terapia de la personalidad*. F. JIMÉNEZ HERNÁNDEZ-PINZÓN. (2ª ed.)
16. *La homosexualidad: un debate abierto*. JAVIER GAFO (ED.). (3ª ed.)
17. *Diario de un asombro*. ANTONIO GARCÍA RUBIO. (3ª ed.)
18. *Descubre tu perfil de personalidad en el eneagrama*. DON RICHARD RISO. (6ª ed.)
19. *El manantial escondido. La dimensión espiritual de la terapia*. THOMAS HART.
20. *Treinta palabras para la madurez*. JOSÉ ANTONIO GARCÍA-MONGE. (12ª ed.)
21. *Terapia Zen*. DAVID BRAZIER. (2ª ed.)
22. *Sencillamente cuerdo. La espiritualidad de la salud mental*. GERALD MAY.
23. *Aprender de Oriente: Lo cotidiano, lo lento y lo callado*. JUAN MASIÁ CLAVEL.
24. *Pensamientos del caminante*. M. SCOTT PECK.
25. *Cuando el problema es la solución. Aproximación al enfoque estratégico*. RAMIRO J. ÁLVAREZ. (2ª ed.)
26. *Cómo llegar a ser un adulto. Manual sobre la integración psicológica y espiritual*. DAVID RICHO. (3ª ed.)
27. *El acompañante desconocido. De cómo lo masculino y lo femenino que hay en cada uno de nosotros afecta a nuestras relaciones*. JOHN A. SANFORD.
28. *Vivir la propia muerte*. STANLEY KELEMAN.
29. *El ciclo de la vida: Una visión sistémica de la familia*. ASCENSIÓN BELART - MARÍA FERRER. (3ª ed.)
30. *Yo, limitado. Pistas para descubrir y comprender nuestras minusvalías*. MIGUEL ÁNGEL CONESA FERRER.
31. *Lograr buenas notas con apenas ansiedad. Guía básica para sobrevivir a los exámenes*. KEVIN FLANAGAN.
32. *Alí Babá y los cuarenta ladrones. Cómo volverse verdaderamente rico*. VERENA KAST.
33. *Cuando el amor se encuentra con el miedo*. DAVID RICHO. (3ª ed.)
34. *Anhelos del corazón. Integración psicológica y espiritualidad*. WILKIE AU - NOREEN CANNON. (2ª ed.)
35. *Vivir y morir conscientemente*. IOSU CABODEVILLA. (4ª ed.)
36. *Para comprender la adicción al juego*. MARÍA PRIETO URSÚA.
37. *Psicoterapia psicodramática individual*. TEODORO HERRANZ CASTILLO.
38. *El comer emocional*. EDWARD ABRAMSON. (2ª ed.)
39. *Crecer en intimidad. Guía para mejorar las relaciones interpersonales*. JOHN AMODEO - KRIS WENTWORTH. (2ª ed.)
40. *Diario de una maestra y de sus cuarenta alumnos*. ISABEL AGÜERA ESPEJO-SAAVEDRA.
41. *Valórate por la felicidad que alcances*. XAVIER MORENO LARA.
42. *Pensándolo bien... Guía práctica para asomarse a la realidad*. RAMIRO J. ÁLVAREZ.
43. *Límites, fronteras y relaciones. Cómo conocerse, protegerse y disfrutar de uno mismo*. CHARLES L. WHITFIELD.
44. *Humanizar el encuentro con el sufrimiento*. JOSÉ CARLOS BERMEJO.
45. *Para que la vida te sorprenda*. MATILDE DE TORRES. (2ª ed.)
46. *El Buda que siente y padece. Psicología budista sobre el carácter, la adversidad y la pasión*. DAVID BRAZIER.
47. *Hijos que no se van. La dificultad de abandonar el hogar*. JORGE BARRACA.
48. *Palabras para una vida con sentido*. Mª. ÁNGELES NOBLEJAS. (2ª ed.)
49. *Cómo llevarnos bien con nuestros deseos*. PHILIP SHELDRAKE.

50. *Cómo no hacer el tonto por la vida. Puesta a punto práctica del altruismo.* Luis Cencillo. (2ª ed.)
51. *Emociones: Una guía interna. Cuáles sigo y cuáles no.* Leslie S. Greenberg. (3ª ed.)
52. *Éxito y fracaso. Cómo vivirlos con acierto.* Amado Ramírez Villafáñez.
53. *Desarrollo de la armonía interior. La construcción de una personalidad positiva.* Juan Antonio Bernad.
54. *Introducción al Role-Playing pedagógico.* Pablo Población Knappe y Elisa López Barberá y Cols.
55. *Cartas a Pedro. Guía para un psicoterapeuta que empieza.* Loretta Cornejo.
56. *El guión de vida.* José Luis Martorell.
57. *Somos lo mejor que tenemos.* Isabel Agüera Espejo-Saavedra.
58. *El niño que seguía la barca. Intervenciones sistémicas sobre los juegos familiares.* Giuliana Prata; Maria Vignato y Susana Bullrich.
59. *Amor y traición.* John Amodeo.
60. *El amor. Una visión somática.* Stanley Keleman.
61. *A la búsqueda de nuestro genio interior: Cómo cultivarlo y a dónde nos guía.* Kevin Flanagan.
62. *A corazón abierto.Confesiones de un psicoterapeuta.* F. Jiménez Hernández-Pinzón.
63. *En vísperas de morir. Psicología, espiritualidad y crecimiento personal.* Iosu Cabodevilla Eraso.
64. *¿Por qué no logro ser asertivo?* Olga Castanyer y Estela Ortega. (6ª ed.)
65. *El diario íntimo: buceando hacia el yo profundo.* José-Vicente Bonet, S.J. (2ª ed.)
66. *Caminos sapienciales de Oriente.* Juan Masiá.
67. *Superar la ansiedad y el miedo. Un programa paso a paso.* Pedro Moreno. (8ª ed.)
68. *El matrimonio como desafío. Destrezas para vivirlo en plenitud.* Kathleen R. Fischer y Thomas N. Hart.
69. *La posada de los peregrinos. Una aproximación al Arte de Vivir.* Esperanza Borús.
70. *Realizarse mediante la magia de las coincidencias. Práctica de la sincronicidad mediante los cuentos.* Jean-Pascal Debailleul y Catherine Fourgeau.
71. *Psicoanálisis para educar mejor.* Fernando Jiménez Hernández-Pinzón.
72. *Desde mi ventana. Pensamientos de autoliberación.* Pedro Miguel Lamet.
73. *En busca de la sonrisa perdida. La psicoterapia y la revelación del ser.* Jean Sarkissoff.
74. *La pareja y la comunicación. La importancia del diálogo para la plenitud y la longevidad de la pareja. Casos y reflexiones.* Patrice Cudicio y Catherine Cudicio.
75. *Ante la enfermedad de Alzheimer. Pistas para cuidadores y familiares.* Marga Nieto Carrero. (2ª ed.)
76. *Me comunico... Luego existo. Una historia de encuentros y desencuentros.* Jesús de la Gándara Martín.
77. *La nueva sofrología. Guía práctica para todos.* Claude Imbert.
78. *Cuando el silencio habla.* Matilde de Torres Villagrá. (2ª ed.)
79. *Atajos de sabiduría.* Carlos Díaz.
80. *¿Qué nos humaniza? ¿Qué nos deshumaniza? Ensayo de una ética desde la psicología.* Ramón Rosal Cortés.
81. *Más allá del individualismo.* Rafael Redondo.
82. *La terapia centrada en la persona hoy. Nuevos avances en la teoría y en la práctica.* Dave Mearns y Brian Thorne.
83. *La técnica de los movimientos oculares. La promesa potencial de un nuevo avance psicoterapéutico.* Fred Friedberg. Introducción a la edición española por Ramiro J. Álvarez
84. *No seas tu peor enemigo... ¡...Cuando puedes ser tu mejor amigo!* Ann-M. McMahon.
85. *La memoria corporal. Bases teóricas de la diafreoterapia.* Luz Casasnovas Susanna.
86. *Atrapando la felicidad con redes pequeñas.* Ignacio Berciano Pérez. Con la colaboración de Itziar Barrenengoa. (2ª ed.)
87. *C.G. Jung. Vida, obra y psicoterapia.* M. Pilar Quiroga Méndez.
88. *Crecer en grupo. Una aproximación desde el enfoque centrado en la persona.* Bartomeu Barceló.
89. *Automanejo emocional. Pautas para la intervención cognitiva con grupos.* Alejandro Bello Gómez, Antonio Crego Díaz.
90. *La magia de la metáfora. 77 relatos breves para educadores, formadores y pensadores.* Nick Owen.
91. *Cómo volverse enfermo mental.* José Luís Pio Abreu.
92. *Psicoterapia y espiritualidad. La integración de la dimensión espiritual en la práctica terapéutica.* Agneta Schreurs.
93. *Fluir en la adversidad.* Amado Ramírez Villafáñez.
94. *La psicología del soltero: Entre el mito y la realidad.* Juan Antonio Bernad.

95. *Un corazón auténtico. Un camino de ocho tramos hacia un amor en la madurez.* JOHN AMODEO.
96. *Luz, más luz. Lecciones de filosofía vital de un psiquiatra.* BENITO PERAL.
97. *Tratado de la insoportabilidad, la envidia y otras "virtudes" humanas.* LUIS RAIMUNDO GUERRA. (2ª ed.)
98. *Crecimiento personal: Aportaciones de Oriente y Occidente.* MÓNICA RODRÍGUEZ-ZAFRA (ED.).
99. *El futuro se decide antes de nacer. La terapia de la vida intrauterina.* CLAUDE IMBERT. (2ª ed.)
100. *Cuando lo perfecto no es suficiente. Estrategias para hacer frente al perfeccionismo.* MARTIN M. ANTONY - RICHARD P. SWINSON. (2ª ed.)
101. *Los personajes en tu interior. Amigándote con tus emociones más profundas.* JOY CLOUG.
102. *La conquista del propio respeto. Manual de responsabilidad personal.* THOM RUTLEDGE.
103. *El pico del Quetzal. Sencillas conversaciones para restablecer la esperazanza en el futuro.* MARGARET J. WHEATLEY.
104. *Dominar las crisis de ansiedad. Una guía para pacientes.* PEDRO MORENO, JULIO C. MARTÍN. (7ª ed.)
105. *El tiempo regalado. La madurez como desafío.* IRENE ESTRADA ENA.
106. *Enseñar a convivir no es tan difícil. Para quienes no saben qué hacer con sus hijos, o con sus alumnos.* MANUEL SEGURA MORALES. (11ª ed.)
107. *Encrucijada emocional. Miedo (ansiedad), tristeza (depresión), rabia (violencia), alegría (euforia).* KARMELO BIZKARRA. (4ª ed.)
108. *Vencer la depresión. Técnicas psicológicas que te ayudarán.* MARISA BOSQUED.
109. *Cuando me encuentro con el capitán Garfio... (no) me engancho. La práctica en psicoterapia gestalt.* ÁNGELES MARTÍN Y CARMEN VÁZQUEZ.
110. *La mente o la vida. Una aproximación a la Terapia de Aceptación y Compromiso.* JORGE BARRACA MAIRAL. (2ª ed.)
111. *¡Deja de controlarme! Qué hacer cuando la persona a la que queremos ejerce un dominio excesivo sobre nosotros.* RICHARD J. STENACK.
112. *Responde a tu llamada. Una guía para la realización de nuestro objetivo vital más profundo.* JOHN P. SCHUSTER.
113. *Terapia meditativa. Un proceso de curación desde nuestro interior.* MICHAEL L. EMMONS, PH.D. Y JANET EMMONS, M.S.
114. *El espíritu de organizarse. Destrezas para encontrar el significado a sus tareas.* PAMELA KRISTAN.
115. *Adelgazar: el esfuerzo posible. Un sistema gradual para superar la obesidad.* A. CÓZAR.
116. *Crecer en la crisis. Cómo recuperar el equilibrio perdido.* ALEJANDRO ROCAMORA. (2ª ed.)
117. *Rabia sana. Cómo ayudar a niños y adolescentes a manejar su rabia.* BERNARD GOLDEN, PH. D.
118. *Manipuladores cotidianos. Manual de supervivencia.* JUAN CARLOS VICENTE CASADO.
119. *Manejar y superar el estrés. Cómo alcanzar una vida más equilibrada.* ANN WILLIAMSON.
120. *La integración de la terapia experiencial y la terapia breve. Un manual para terapeutas y consejeros.* BALA JAISON.
121. *Este no es un libro de autoayuda. Tratado de la suerte, el amor y la felicidad.* LUIS RAIMUNDO GUERRA.
122. *Psiquiatría para el no iniciado.* RAFA EUBA.
123. *El poder curativo del ayuno. Recuperando un camino olvidado hacia la salud.* KARMELO BIZKARRA. (2ª ed.)
124. *Vivir lo que somos. Cuatro actitudes y un camino.* ENRIQUE MARTÍNEZ LOZANO. (4ª ed.)
125. *La espiritualidad en el final de la vida. Una inmersión en las fronteras de la ciencia.* IOSU CABODEVILLA ERASO.
126. *Regreso a la conciencia.* AMADO RAMÍREZ.
127. *Las constelaciones familiares. En resonancia con la vida.* PETER BOURQUIN. (5ª ed.)
128. *El libro del éxito para vagos. Descubra lo que realmente quiere y cómo conseguirlo sin estrés.* THOMAS HOHENSEE.
129. *Yo no valgo menos. Sugerencias cognitivo- humanistas para afrontar la culpa y la vergüenza.* OLGA CASTANYER. (2ª ed.)
130. *Manual de Terapia Gestáltica aplicada a los adolescentes.* LORETTA CORNEJO. (3ª ed.)
131. *¿Para qué sirve el cerebro? Manual para principiantes.* JAVIER TIRAPU.
132. *Seres inquietos. Claves para combatir la ansiedad y las obsesiones.* AMADO RAMÍREZ VILLAFÁÑEZ.
133. *Dominar las obsesiones. Una guía para pacientes.* PEDRO MORENO, JULIO C. MARTÍN, JUAN GARCÍA Y ROSA VIÑAS. (2ª ed.)
134. *Cuidados musicales para cuidadores. Musicoterapia Autorrealizadora para el estrés asistencial.* CONXA TRALLERO FLIX Y JORDI OLLER VALLEJO.

135. *Entre personas. Una mirada cuántica a nuestras relaciones humanas.* TOMEU BARCELÓ
136. *Superar las heridas. Alternativas sanas a lo que los demás nos hacen o dejan de hacer.* WINDY DRYDEN
137. *Manual de formación en trance profundo. Habilidades de hipnotización.* IGOR LEDOCHOWSKI
138. *Todo lo que aprendí de la paranoia.* CAMILLE
139. *Migraña. Una pesadilla cerebral.* ARTURO GOICOECHEA
140. *Aprendiendo a morir.* IGNACIO BERCIANO PÉREZ
141. *La estrategia del oso polar. Como llevar adelante tu vida pese a las adversidades.* HUBERT MORITZ

Serie MAIOR

1. *Anatomía Emocional. La estructura de la experiencia somática* STANLEY KELEMAN. (7ª ed.)
2. *La experiencia somática. Formación de un yo personal.* STANLEY KELEMAN. (2ª ed.)
3. *Psicoanálisis y análisis corporal de la relación.* ANDRÉ LAPIERRE.
4. *Psicodrama. Teoría y práctica.* JOSÉ AGUSTÍN RAMÍREZ. (3ª ed.)
5. *14 Aprendizajes vitales.* CARLOS ALEMANY (ED.). (11ª ed.)
6. *Psique y Soma. Terapia bioenergética.* JOSÉ AGUSTÍN RAMÍREZ.
7. *Crecer bebiendo del propio pozo.Taller de crecimiento personal.* CARLOS RAFAEL CABARRÚS, S.J. (11ª ed.)
8. *Las voces del cuerpo. Respiración, sonido y movimiento en el proceso terapéutico.* CAROLYN J. BRADDOCK.
9. *Para ser uno mismo. De la opacidad a la transparencia.* JUAN MASÍA CLAVEL
10. *Vivencias desde el Enneagrama.* MAITE MELENDO. (3ª ed.)
11. *Codependencia. La dependencia controladora. La depencencia sumisa.* DOROTHY MAY.
12. *Cuaderno de Bitácora, para acompañar caminantes. Guía psico-histórico-espiritual.* CARLOS RAFAEL CABARRÚS. (4ª ed.)
13. *Del ¡viva los novios! al ¡ya no te aguanto! Para el comienzo de una relación en pareja y una convivencia más inteligente.* EUSEBIO LÓPEZ. (2ª ed.)
14. *La vida maestra. El cotidiano como proceso de realización personal.* JOSÉ MARÍA TORO.
15. *Los registros del deseo. Del afecto, el amor y otras pasiones.* CARLOS DOMÍNGUEZ MORANO. (2ª ed.)
16. *Psicoterapia integradora humanista. Manual para el tratamiento de 33 problemas psicosensoriales, cognitivos y emocionales.* ANA GIMENO-BAYÓN Y RAMÓN ROSAL.
17. *Deja que tu cuerpo interprete tus sueños.* EUGENE T. GENDLIN.
18. *Cómo afrontar los desafíos de la vida.* CHRIS L. KLEINKE.
19. *El valor terapéutico del humor.* ÁNGEL RZ. IDÍGORAS (ED.). (3ª ed.)
20. *Aumenta tu creatividad mental en ocho días.* RON DALRYMPLE, PH.D., F.R.C.
21. *El hombre, la razón y el instinto.* JOSÉ Mª PORTA TOVAR.
22. *Guía práctica del trastorno obsesivo compulsivo (TOC). Pistas para su liberación.* BRUCE M. HYMAN Y CHERRY PEDRICK.
23. *La comunidad terapéutica y las adicciones Teoría, Modelo y Método.* GEORGE DE LEON.
24. *El humor y el bienestar en las intervenciones clínicas.* WALEED A. SALAMEH Y WILLIAM F. FRY.
25. *El manejo de la agresividad. Manual de tratamiento completo para profesionales.* HOWARD KASSINOVE Y RAYMOND CHIP TAFRATE.
26. *Agujeros negros de la mente. Claves de salud psíquica.* JOSÉ L. TRECHERA.
27. *Cuerpo, cultura y educación.* JORDI PLANELLA RIBERA.
28. *Reír y aprender. 95 técnicas para emplear el humor en la formación.* DONI TAMBLYN.
29. *Manual práctico de psicoterapia gestalt.* ÁNGELES MARTÍN. (5ª ed.)
30. *Más magia de la metáfora. Relatos de sabiduría para aquellas personas que tengan a su cargo la tarea de Liderar, Influenciar y Motivar.* NICK OWEN
31. *Pensar bien - Sentirse bien. Manual práctico de terapia cognitivo-conductual para niños y adolescentes.* PAUL STALLARD.
32. *Ansiedad y sobreactivación. Guía práctica de entrenamiento en control respiratorio.* PABLO RODRÍGUEZ CORREA.
33. *Amor y violencia. La dimensión afectiva del maltrato.* PEPA HORNO GOICOECHEA. (2ª ed.)
34. *El pretendido Síndrome de Alienación Parental. Un instrumento que perpetúa el maltrato y la violencia.* SONIA VACCARO - CONSUELO BAREA PAYUETA.
35. *La víctima no es culpable. Las estrategias de la violencia.* OLGA CASTANYER (COORD.); PEPA HORNO, ANTONIO ESCUDERO E INÉS MONJAS.
36. *El tratamiento de los problemas de drogas. Una guía para el terapeuta.* MIGUEL DEL NOGAL TOMÉ.
37. *Los sueños en psicoterapia gestalt. Teoría y práctica.* ÁNGELES MARTÍN.